Pavan Yadav

A identidade Dalit: Casos de Musahar no contexto social

Pavan Yadav

A identidade Dalit: Casos de Musahar no contexto social

Estudo de caso no Nepal

ScienciaScripts

Imprint
Any brand names and product names mentioned in this book are subject to trademark, brand or patent protection and are trademarks or registered trademarks of their respective holders. The use of brand names, product names, common names, trade names, product descriptions etc. even without a particular marking in this work is in no way to be construed to mean that such names may be regarded as unrestricted in respect of trademark and brand protection legislation and could thus be used by anyone.

Cover image: www.ingimage.com

This book is a translation from the original published under ISBN 978-3-659-86279-3.

Publisher:
Sciencia Scripts
is a trademark of
Dodo Books Indian Ocean Ltd. and OmniScriptum S.R.L publishing group

120 High Road, East Finchley, London, N2 9ED, United Kingdom
Str. Armeneasca 28/1, office 1, Chisinau MD-2012, Republic of Moldova, Europe
Managing Directors: Ieva Konstantinova, Victoria Ursu
info@omniscriptum.com

Printed at: see last page
ISBN: 978-620-8-36815-9

ÍNDICE

ACKNOLEDGEMENT

Fazer esta investigação e escrever esta tese foi a maior experiência de aprendizagem na minha educação até à data. Devo um grande agradecimento e gratidão ao meu supervisor, o Professor Dr. Shishir Subba, da Universidade de Tribhuwan, Departamento Central de Psicologia, que tem sido o apoio académico e educacional constante que eu poderia ter pedido. Não só me incentivou a adquirir uma visão profunda do assunto, como também foi rápido a fazer críticas construtivas, sempre que necessário, e também da forma mais subtil possível. Estou-lhe profundamente grato.

Gostaria de agradecer especialmente às pessoas da comunidade Musahar e às pessoas de outras castas que me proporcionaram um interesse genuíno e informações honestas durante o estudo. Nada deste estudo teria sido possível sem o apoio de tantas pessoas maravilhosas no meu esforço de investigação, pelo que estou eternamente grato àqueles que me encorajaram a realizar este estudo, pelo seu apoio e orientação sinceros.

Dr. Shanta Nirala, Diretor e a todos os meus professores do Departamento de Psicologia, TU, Kirtipur. Estou muito grato ao respeitado académico sénior e conhecido investigador Prof. Dr. Murari Prasad Regmi pelo seu precioso comentário positivo e perspicaz e pela sugestão da minha tese. Agradeço também ao Sr. Kishor Kumar Thapa, Diwakar e Ram Naresh Yadav que me ajudaram durante o presente estudo e na sua preparação.

Por último, gostaria de manifestar o meu apreço e a minha gratidão aos membros da minha família. O apoio e a motivação dos meus pais, Sr. Nandi Yadav e Bechani Devi Yadav, e do meu irmão mais velho, Sr. Reban Kumar Yadav, foram de grande valor. E também de todos os meus amigos que me apoiaram em todas as fases e aspectos de que precisei.

CAPÍTULO 1: INTRODUÇÃO

Antecedentes do estudo

O Nepal é um país com múltiplas castas, etnias e grupos religiosos. A variação do comportamento a nível interpessoal e de grupo é considerada uma lei natural numa paisagem multicultural. O mosaico cultural é exótico para quem está de fora, mas a dura realidade social para quem está de dentro é evidente na sua vida quotidiana e na construção subjectiva do mundo em que situam a sua existência social e psicológica culturalmente predefinida. A localização social da sua vida é muitas vezes expressa no seu comportamento entre si e com os outros. As fronteiras socioculturais no seio destes diferentes grupos estão claramente divididas em função de alguns critérios observáveis, como a religião específica, o ritual, as práticas culturais de pureza e poluição e as caraterísticas fisiológicas. Entre os hindus do Nepal, o segmento de casta é o critério predominante de diferenciação dentro do grupo. Os hindus têm quatro sistemas de grupos de castas e, no Nepal, estão ainda divididos em dois grupos de castas "superiores" e "inferiores" que influenciam o seu percurso cultural, social e psicológico. Esta divisão social dura e não científica é a fonte de preconceitos e discriminações negativas extremas e de consequências sociais e económicas mais graves, bem como de um percurso de vida miserável para o grupo "inferior". No Nepal, para além do grupo de castas, existem quatro grandes grupos religiosos e mais de cem grupos étnicos. Um grande número destes grupos é desprivilegiado, degradado, isolado, vítima de injustiças sociais e alvo de preconceitos e discriminação por parte do grupo hindu de casta elevada. O grupo de castas "inferiores" ou a chamada "casta baixa" é um entre outros. A casta *Musahar* é um dos grupos de castas baixas que se encontram no Tarai do Nepal.

O Nepal é um país dos Himalaias situado entre a Índia e a China. A variação da localização geográfica e demográfica é o fator que contribui para a existência de diferentes grupos culturais. A maior parte da região norte do Nepal é coberta de neve e a cordilheira dos Himalaias estende-se de leste a oeste. No centro, há milhares de montanhas e colinas e, a oeste, o terreno é plano e estende-se de leste a oeste. De acordo com a sua localização geográfica, o Nepal divide-se, grosso modo, nas regiões dos Himalaias (Himalaya), Pahad (montanha/colina) e Madesh (Tarai ou Madhesh). A região dos Himalaias ocupou 15%, a região das montanhas/colinas ocupou 68% e a região do Tarai ocupou 17% do território total do Nepal.

Em termos de população e das suas caraterísticas, o recenseamento de 2011 documentou a existência de 123 línguas faladas no Nepal, 4 castas e 121 grupos religiosos e étnicos. Na região montanhosa e montanhosa, foram documentados 50 grupos étnicos e 5 castas dalit, ao passo que na região do Tarai foram identificados 13 grupos étnicos e 10 castas dalit. Os dalit são um grupo de casta baixa (hindu). O recenseamento documentou igualmente oito religiões diferentes: hindu, budista, islâmica, kirat, jainista, cristã, shikkha e bahai, respetivamente, de acordo com a sua predominância no recenseamento.

Como já foi referido, os hindus têm quatro grandes grupos hierárquicos de castas, com uma explicação religiosa da sua origem e justificada pela ocupação que lhes é atribuída. A hierarquia começa com a casta superior e vai até à inferior, denominada "casta alta" e "casta baixa", em termos dos rituais que observam e do conceito de pureza e poluição. Desde os tempos históricos, a casta inferior tem sido sentida como a fonte do grupo de casta ritualmente impuro ou poluído pela "casta superior", pelo que a "casta inferior" é prejudicada e discriminada pela casta superior para manter o seu estatuto. Isto é feito através da manutenção da distância social e cultural no passado e da distância económica e educacional no presente. O grupo da casta alta considera-se um grupo privilegiado que tem acesso a qualquer mundo social, educacional, económico e político. A consciência do estatuto da casta alta sanskritizou ainda mais a população com o código legal em diferentes épocas históricas, levando a vida da casta baixa a uma maior degradação. Muitos grupos étnicos foram forçados a adotar o hinduísmo, assimilando-os ao sistema de castas (por exemplo, os Magars e os Newars). O processo de sanskritização alarga ainda mais a prática da discriminação às castas baixas. A "casta baixa" foi subjugada a viver uma vida inferior, sem voz na sociedade. Os Dalits do Nepal são os subalternos em todas as suas formas.

A fixação de diferentes grupos de castas está espalhada por todos os cantos do Nepal. Originalmente, o povoamento dos grupos étnicos está localizado em áreas geográficas específicas. Entre eles, na região dos Himalis, *os Sherpas, Lomis, Topkes, Golas,* geralmente conhecidos como *Bhotiyas*, são os habitantes desta região. Na região das colinas, também conhecida como terra média, situada entre o Mahabharata e a cordilheira de Churia, vivem *Magars, Gurungs, Newars, Tamang, Rai, Limbus*, juntamente com *Brahman e Chhetriya*. Estes grupos étnicos são os povos indígenas do Nepal. A região do Tarai é a terra dos *Yadavs, Rajputs, Brahmins, Danuwars, Dhanuks, Majhis, Tharus, Satars, Gangais, Chhetris, Muçulmanos, Chamars, Doms, Musahars, Halkhor, Telis, Khatwes,* etc.

Todos os grupos étnicos e de castas acima mencionados vivem em condições físicas e ecológicas diferentes no país. O seu estilo de vida e as suas práticas culturais diferem de região para região. Têm uma língua diferente consoante a sua origem étnica e o seu contexto ecológico. Também variam em termos de estrutura física, constituição psicológica e práticas sociais e culturais. Visivelmente, podem ser identificados em relação à estrutura da sua casa, às práticas domésticas, aos hábitos e preferências alimentares, à língua e à interação com outros grupos culturais. São distintamente únicos na sua constituição social, cultural e psicológica. A distinção psicológica e as identidades sociais com ela relacionadas tornaram-se fonte de discriminação por parte da "maioria" em relação ao grupo psicologicamente "minoritário". Neste caso, a minoria psicológica não se refere à dimensão da população, mas sim ao poder sociocultural e político exercido por estes diferentes grupos socioculturais.

Anteriormente, durante o sistema da realeza hindu, o Nepal era considerado uma nação hindu e a sanskritização era o mantra a praticar pelo Estado, mas quando se tornou uma República Federal do Nepal em 2063-64 A.S., o governo e os partidos políticos existentes aceitaram a sua estrutura populacional em termos de religião e variação cultural e declararam o Nepal um Estado secular. Constitucionalmente, todos os grupos religiosos e culturais são considerados iguais, mas, a nível social e cultural, o movimento maciço de sanskritização conseguiu fazer com que os não-hindus olhassem para o mundo a partir da visão hindu do mundo. Apesar de existirem variações sociais, culturais e religiosas e de a lei ser igual e de ter sido feita justiça a todos os grupos religiosos, étnicos e de castas, os preconceitos socioculturais, religiosos e económicos e a discriminação de "alto" para "baixo" ou de hindu para não hindu são ativamente praticados.

O presente estudo é uma tentativa de examinar o grupo *Musahar* no âmbito da matriz sociocultural existente. O povo *Musahar* existe como subalterno, mas com uma identidade distinta. Misturam-se, relacionam-se e interagem com outros grupos socioculturais mais poderosos. *O Musahar* é o grupo sociocultural mais desfavorecido em relação à "casta alta" dominante que, desde sempre, estigmatizou *o Musahar* (o comedor de ratos) como "intocável". A relação entre a "casta alta", "duas vezes nascida" e "casta ritualmente pura" e a "casta inferior, baixa" ou casta ritualmente impura (poluída) é marcada por uma distância sociocultural sem ponto de encontro possível. Uma análise da forma como *os Musahar* se percepcionam a si próprios e aos outros grupos e como preferem subjetivamente os outros em termos de relação social pode ser um ponto de partida interessante para vislumbrar a vida pessoal e social dos *Musahar*, bem como o seu bem-estar psicológico.

Declaração do problema de estudo

A casta baixa *Musahar* é considerada intocável pela casta superior. Esta crença está inscrita em livros religiosos que a casta alta pratica na sua vida social. *Os Musahar* vivem as suas vidas como um grupo alienado na aldeia (Jha, 1998). Esta alienação forçada é mantida tanto na proximidade física como na interação social, pelo que, psicossocialmente, são excluídos do contexto social mais vasto. Do ponto de vista psicossocial, estas práticas mantêm e reforçam o sentimento de superioridade da casta superior em detrimento da casta inferior. *Os Musahar* são o segundo maior grupo Dalit do Tarai, a seguir aos Chamar. Saptari tem a segunda maior população Musahar, com 38 625 habitantes (CBS, 2011), seguido do distrito de Siraha, o primeiro em número de habitantes *Musahar*. Mesmo entre os dalit do Tarai, os Musahars são os mais afectados pela discriminação baseada na casta. Não lhes era permitido partilhar os recursos comuns, como a água potável. Ainda hoje, na maior parte dos locais, *os* Musahars não são autorizados a ir buscar água a poços tubulares privados ou públicos (Dahal, 2002).

Aceitam comida e água de outras comunidades, mas quase nenhuma comunidade os aceita. Qualquer outro membro da casta do Tarai, exceto *Dom* e *Halkhor*, não aceita água nem comida cozinhada deles. A taxa de alfabetização de *Musahar*, de acordo com o censo de 2011, é de 21,82%. A maioria das crianças pertencentes a esta comunidade não estuda para além do nível primário. São consideradas intocáveis e, anteriormente, era-lhes negado o acesso a restaurantes e casas de chá locais, mas agora parece que pouco mudou. Além disso, é-lhes negado o acesso a recursos comuns, como fontes de água potável. (Ethnographic Study of Tarai Dalit in Nepal: 2006).

Estão marginalizados da corrente dominante da sociedade, vivendo ainda na Idade das Trevas. A comunidade *Musahar* é um desses grupos, que são minorias atrasadas menos conhecidas do país. Mesmo atualmente, não parece haver melhorias na sua patética condição devido à falta de melhores fontes alternativas de subsistência e de tratamento social na sua vida quotidiana no seio da sociedade. A discriminação contra os *Musahar*, que tem vindo a ser praticada na sociedade, está a acentuar-se de dia para dia. A prática da discriminação contra os *Musahar* não existe apenas a nível superior da sociedade, mas também no seio da comunidade dalit. Em termos comparativos, são o grupo menos capacitado das comunidades do Tarai. Por conseguinte, o estudo procurou encontrar os conhecimentos básicos prevalecentes sobre a casta e a comunidade *Musahar* e a sua pertença à sociedade.

É importante conhecer o auto-conceito dos *Musahar* e a sua construção de identidade, a forma como construíram a ideia de serem *Musahar* e como é suposto serem aos olhos dos outros. É também muito importante descobrir a perceção e a atitude em relação a si próprios e aos outros. Esta investigação procura também compreender o comportamento relacional entre a chamada "casta alta" e os Musahar e a forma como estão a ser obrigados a manter esses comportamentos.

Objectivos do estudo

O objetivo geral desta investigação é examinar a auto-perceção e a atitude dos *Musahar* em relação a si próprios e aos outros no que diz respeito às relações sociais, e como é que essas relações se manifestam e se reforçam psicologicamente, causando impacto nas suas vidas. Os objectivos específicos incluem:

1. Estudar o desenvolvimento da auto-identidade tal como concebida por *Musahar*.
2. Examinar a perceção do povo *Musahar* em relação a si próprio e aos outros.
3. Avaliar as preferências sociais entre os grupos *Musahar* e *não-Musahar*.

Questões de investigação

1. O que é que o povo *Musahar* entende por identidade?
2. Como é que o povo *Musahar* se vê a si próprio e às outras castas?
3. Qual é a preferência social da comunidade *Musahar* em relação a outras castas e vice-versa?

Relevância do estudo

A transformação social é dificultada pela atitude hegemónica e pelo comportamento sociocultural dominante de um grupo para outro, o que pode pôr em causa a aplicação da lei existente. As normas sociais discriminatórias continuam a bloquear a política de ação afirmativa e a reforçar os abusos baseados na casta. Os Musahars são iguais segundo a lei do país e desiguais segundo a lei da sociedade.

No entanto, cada indivíduo e grupo constroem uma identidade, localizam-se como grupo social e o seu lugar na comunidade. Esse sentimento de pertença social é subjetivo e muito influenciado pela forma como são tratados pelos outros. A forma como os Musahar estão a ser tratados e maltratados é bem conhecida, mas o modo como esse comportamento discriminatório influencia a conceção dos Musahar sobre a preferência social de si próprios e dos outros ajuda a compreender o mecanismo psicológico que funciona na psique da comunidade Musahar.

O conceito interpretado de *Musahar* e o comportamento com ele relacionado podem proporcionar uma compreensão da situação social dos *Musahar*. No contexto dos direitos humanos, da equidade no tratamento humano e da igualdade de oportunidades que a maioria dos grupos de "casta elevada" defende para obter direitos iguais para diferentes grupos menores, a condição de *Musahar* pode chamar a atenção para a defesa feroz da equidade e da igualdade.

Em termos de dimensão da população entre os Dalits do Tarai, *os Musahars* constituem o segundo maior grupo, com 234 490 pessoas, das quais a taxa de alfabetização total é de 21,82%, a idade média de casamento é de 18,2 anos, os agregados familiares que dispõem de eletricidade para iluminação são 3,1% e os que têm um agregado familiar permanente são apenas 1,0% dos Musahars (Censo 2011). São hábeis no trabalho do campo (especialmente no corte do solo), que é considerado a sua ocupação tradicional. Têm o dom de apanhar ratos, que também substituem por outras carnes populares disponíveis no mercado. Em maithili, o rato é chamado *musha.* Uma vez que comem rato ou *musha*, o seu grupo é designado por *Musahars.* De facto, também são conhecidos por *Sadas*, mas são designados e mencionados como "comedores de ratos". A maioria dos *Musahar* encontra-se em zonas de língua Maithali, como os distritos de Morang, Sunsari, Saptari, Siraha, Dhanusha e Mahottari.

O estudo é uma tentativa de captar o processo dinâmico da psicologia envolvido na forma como a população *Musahar* se interpreta a si própria e constrói um conceito de ser *Musahar* em relação a outros grupos sociais e como as outras pessoas (casta alta) tratam a população *Musahar*. Se as práticas quotidianas forem mais bem compreendidas, isso ajudará o decisor político a formular a estratégia para um ajustamento adequado da população *Musahar*.

A informação demográfica sobre a comunidade *Musahar* revela o facto de esta se encontrar, tanto em termos práticos como representativos, numa situação de marginalização. São categorizados como uma forma inferior de ser humano. Os animais podem entrar nas casas das castas altas, mas *os Musahar* são impedidos. No processo de discriminação, o papel da atitude e da perceção de um indivíduo é muito significativo. Normalmente, as pessoas constroem a sua identidade com base na ideia que têm de si próprias e na relação intergrupal com os diferentes grupos comunitários da sociedade. E é essa mesma identidade que leva as pessoas a comportarem-se de uma forma particular consigo próprias e com os outros. O mesmo conceito de si próprio e dos outros também ajuda a manter a relação com os outros. A identidade social tem uma influência significativa na autoimagem e na autoestima. Por conseguinte, o estudo sobre a identidade *Musahar* e a sua atitude em relação a si próprio e aos outros é muito relevante para a compreensão do processo e das relações de grupo.

CAPÍTULO 2: REVISÃO DA LITERATURA

Existem apenas alguns estudos de psicologia social relacionados com o tema *Musahar*. Os materiais disponíveis sobre a comunidade *Musahar* são também quase insignificantes em termos de conflitos no seu mundo interior e de visão do mundo sobre si próprios e sobre os outros. A maior parte da literatura está relacionada com a análise demográfica e com as componentes comportamentais, como a discriminação e o estigma sobre os *Musahar*. A este respeito, procede-se aqui à revisão de algumas das obras relevantes.

Perspectivas teóricas

Conceito de sistema de castas no Nepal

De acordo com a cultura hindu, o sistema de castas, tal como descrito no *"Manu-smriti"*, tem quatro categorias hierárquicas de castas. A ordem hierárquica das castas começa com o *brâmane*, responsável pela prática ritual, o *kshetriya*, responsável pela segurança, o *vaishya,* responsável pelas actividades financeiras e o último na escada é o *shudra,* responsável por servir os três grupos de castas anteriores. São-lhes atribuídos trabalhos inferiores.

O sistema de castas hindu do Nepal é uma parte do subcontinente indiano que teve origem há milhares de anos na Índia. Influenciado pelo Sul, o sistema de castas no Nepal foi introduzido na sociedade Newar do Vale de Katmandu pelo rei Jayasthiti Malla no século XIVth . O Primeiro-Ministro Janga Bahadur Rana, fundador do regime autocrático Rana, que durou 104 anos, promulgou o Muluki Ain ("Código Nacional") do Nepal em 1854, que dividia todo o povo nepalês numa hierarquia de castas quadripartida: (1) *Tagadhari* ("Usar o fio sagrado" ou "Duas vezes nascido"), (2) *Matawali* ("Beber bebidas alcoólicas"), (3) *Pani nachalne, chhoi chhito halnu naparne* ("Água inaceitável, mas não é necessária purificação, se tocada" ou "Casta baixa tocável"), e (4) *Pani nachalne, chhoi chhito halnu parne* ("Água inaceitável e purificação necessária, se tocada" ou "Casta baixa intocável") (Bhattachan, et. al.,2006).

A comunidade de casta baixa (também conhecida por dalit) pertence ao grupo de casta Shudra, de acordo com o sistema de castas hindu, e é classificada como "inaceitável para a água e para os banhos de purificação, se tocada por eles" no sistema de castas nepalês. Os Dalits são segregados profissionalmente, discriminados hierárquica e ritualmente, explorados economicamente, politicamente sem voz, humilhados socialmente e tratados como "Intocáveis". Os principais grupos de castas Dalit no Tarai são os *Chamar, Musahar, Khatwe, Dom, Dushadh, Tatma, Dhobi, Bantar, Pattharkatta, Chidimar* e, nas colinas, os *Damai, Kami e Sarki*, enquanto na comunidade Newar são conhecidos por *Pode* e *Chyame.*

Gopal Guru, um importante intelectual dalit da Índia, escreve de forma pungente sobre a exclusão dos dalit. Argumenta que, historicamente, tem sido negada aos dalits a liberdade de controlar o seu próprio tempo e espaço, que o tempo e o espaço nunca pertenceram aos dalits.

Por exemplo, no sul e no oeste da Índia, os dalits estavam confinados a uma área determinada e, sem a autorização das castas superiores que poliam estas fronteiras com força física e uma ideologia de pureza e poluição, não podiam sair dos campos de internamento. Os dalits não tinham liberdade para andar na rua principal da aldeia. Quando andavam nessas ruas, era apenas para servir os senhores feudais das castas superiores e sempre com vassouras atadas à cintura para apagar as pegadas poluentes e com potes de barro à volta do pescoço para proteger a terra da sua expetoração impura (Citado em Bhargava, 2004).

A situação atual dos dalits no Nepal e a sua experiência de intocabilidade não são semelhantes às explicadas por Bhargava, mas também não são diferentes em muitos aspectos.

Enquanto quadro unificador, o sistema de castas era inclusivo em termos adversos; era excludente na medida em que classificava todos estes grupos numa pirâmide. O código nacional de 1854 colocava os dalits intocáveis no fundo da pirâmide, sendo-lhes atribuídos castigos mais severos do que aos outros e proibidos de entrar nos templos ou de utilizar as fontes de água utilizadas pelos grupos de castas elevadas (GSEA: 2005).

A estrutura social do Nepal, em que o sistema de castas desempenha um papel fundamental na exclusão dos dalits, assenta na estratificação e na exclusão sociais. O sistema hierárquico de castas é uma das principais fontes de exclusão social no Nepal, onde as pessoas estão divididas em quatro Varnas, com base na escrita religiosa hindu. Os Dalits são... considerados ritualmente impuros e inferiores (Dahal: 2000).

Muitos estudos têm apontado para o facto de a discriminação baseada na casta ser ainda frequente em aspectos informais da vida nepalesa. Como afirmam Tamarakar et al. (2002), "o sistema de castas é um dos aspectos mais salientes da paisagem cultural do Nepal" (p. vii). Bhattachan et al (2002) identificaram 205 formas de discriminação com base na casta que continuam a ser praticadas no Nepal, incluindo a dominação, as atrocidades, o boicote social e a atitude discriminatória. A prática generalizada e persistente de exclusão dos Dalit em restaurantes e casas de chá, torneiras públicas, templos e em ocasiões públicas como festas faz com que os Dalit sejam vítimas de violações dos direitos humanos em maior proporção do que os outros (Bhattachan et. al., 2002).

A estratificação social é construída socialmente. De acordo com Peter Berger e Thomas Luckman (1966, p.52) "a ordem social não faz parte da 'natureza das coisas' e não pode ser derivada das 'leis da natureza'. A ordem social existe apenas como um produto das actividades humanas". A teoria da construção social sugere que aquilo que vemos como real (neste caso, as categorias culturais de diferença e o sistema de desigualdade) é o resultado da interação humana. Através dessa interação, criamos aspectos da nossa cultura, objectivamo-los, interiorizamo-los e depois tomamos estes produtos culturais como garantidos (Ore, 2000).

População Dalit no Nepal

Dois terços da população do Nepal são constituídos por pessoas que são geralmente consideradas socialmente excluídas. São geralmente designadas por *Janjatis* (grupos étnicos), *Dalits* (grupos intocáveis com base na casta) e *Madhesi* (do Tarai: marginalização/discriminação baseada sobretudo na localização geográfica) (Dahal, 2000 e Dahal et.al. 2000). A avaliação do género e da exclusão social identificou os grupos excluídos como as mulheres, os Dalits e os *Janajati* como três instituições interligadas que determinam o acesso individual e coletivo a bens, capacidades e vozes com base numa identidade socialmente definida (GSEA: 2000).

Os Shudra estão na base da hierarquia das castas e, oficialmente, eram *achhut* ou "intocáveis" até ao fim do regime de Rana, sendo atualmente designados por Dalit ou "oprimidos". Tamrakar et al. (2002) e Ahuti (2004) escrevem que a utilização do termo Dalit começou na Índia quando Jyotiba Phule e outros reformadores religiosos o introduziram no final do século XIX. Kisan (2002) e Biswakarma et al (2003) escrevem também estudos sobre o seu aparecimento na Índia. As actividades nepalesas de defesa dos direitos dos Dalit começaram a utilizar o termo Dalit na década de 1960, mas este só passou a ser amplamente utilizado depois de 1990. Mesmo atualmente, a casta Dalit é geralmente referida como "casta baixa", "castas ocupacionais", "castas oprimidas", "casta atrasada", "castas deprimidas", "castas desfavorecidas", "marginalizadas" e "grupos desfavorecidos".

Antecedentes históricos do *Musahar*

Historicamente, os Musahars acreditam que são descendentes dos santos e sábios chamados *"Rishis'"* (Jha, 1998). Jha sublinha a crença de que alguns deles entraram no Nepal vindos de Magadh (Bihar/Índia) e outros de *Mithila/Tirhut* (parcialmente Índia/Bihar e parcialmente Nepal), pelo que os Musahars se dividem em "Magadhiya Musahar" e "Tirhutia Musahars". A maior parte deles tem 'Sada' como apelido (Jha, 1998 como citado em Saday, 2011). Existem vários mitos relacionados com a chegada das comunidades Musahar ao Nepal. Diz-se que os Musahars são também conhecidos como a tribo Bhuiyan nalgumas partes da Índia. O nome Bhuiyan significa Bhumi (terra). Embora mostre uma ligação estreita com a sua ocupação, os Musahars não tinham terra. De acordo com Arun Kumar (2006), os Musahars partilham a sua origem com a tribo Kol de Chhota Nagpur, na Índia. thComeçaram a migrar para as planícies de cultivo de arroz de Bihar provavelmente por volta do século XII e, desde então, têm sido a maior fonte de mão de obra agrícola na região. Ultimamente, começaram a migrar para o Punjab durante a época das colheitas. Até à data, têm perpetuado a migração para o Punjab. Os intelectuais Musahar afirmavam que eram um grupo tribal como os *Bhil* e os *Munda.* A sua estrutura física e o seu cabelo eram semelhantes aos dos negros de origem africana.

O Dr. Mahadev Shah, diretor do Colégio Softech em Lahan, afirmou que os Musahars vieram da Somália para a Índia na altura da grande migração. Eram grupos tribais até ao aparecimento do sistema Jamindari no Norte da Índia e no Nepal. Cresci com eles e observei Musahars de cabelo redondo e desportivo. Atualmente, é difícil encontrar Musahars puros no Nepal". Mais tarde, os Jamindars indianos aliciaram alguns membros do grupo dos Musahars para trabalharem na terra. Durante a vida nómada, comiam tudo o que encontravam na natureza. Segundo Mahadev Shah, "o significado etimológico da palavra 'Musahar' deriva da sua inclinação alimentar para o rato (Citado por Giri, 2009).

Do mesmo modo, Kumar (2006) argumentou que, tal como muitas outras castas não brâmanes, o nome é "dado", "anexado" ou antes imposto. Literalmente, "Musahar" significa aquele que come ratos. Embora existam outras opiniões sobre a sua origem e o seu verdadeiro significado, na visão popular do mundo "o comedor de ratos" é a noção que permanece. Isto porque um bom número de Musahars come efetivamente ratos, tal como muitas outras castas não brâmanes. Na época pós-colheita, os Musahars parecem competir com as ratazanas pelos restos de cereais que caem no campo. Esta competição denota o nível de pobreza da comunidade. Tendo feito isto durante séculos, a comunidade aumentou a sua perícia na captura de ratos como nenhuma outra casta. Mas o facto de comerem ratos não se limita de forma alguma a eles. "Os Tharus do Nepal ocidental usam ratos durante a sua cerimónia de casamento". O que é importante, porém, é o estigma associado à comunidade devido a esta prática (Giri, 2012).

Há opiniões diferentes sobre a hinduazação e o facto de os tornar intocáveis. Arun Kumar (2006, citado em Giri, 2012) analisou, com base num estudo da Índia, que os Musahars entraram na casta hindu há cerca de 300 anos. Para começar, parece que a comunidade não tem um nome próprio. No discurso quotidiano do Tarai nepalês, argumentava-se que a intocabilidade que lhes era atribuída resultava da sua prática de apanhar ratos e é isso que os torna intocáveis. Num cenário diferente, a intocabilidade poderia ser interpretada como resultado do facto de os Musahars criarem porcos, e não o contrário na Índia. Foram tornados intocáveis quando eram força de trabalho do sistema Jamindari na Índia. Os Musahars foram reconhecidos como intocáveis antes de entrarem no Nepal. Mas os activistas Musahar afirmaram que eram um grupo tribal quando se encontravam na floresta densa do Tarai. Os Musahars nepaleses foram tratados como intocáveis com base na observação das relações entre Jamindars e Musahars em Uttar Pardesh, na Índia.

É comum dizer-se que os Musahars entraram no Nepal durante o regime de Rana para cortar árvores na floresta do Tarai. Giri (2012) explica que os Ranas queriam tornar as terras aráveis férteis limpando a floresta e os Musahars entraram no Nepal como trabalhadores para limpar a selva e tornar as terras aráveis para os Jamindars. As pessoas de castas elevadas afirmaram que foram trazidas para o Nepal Tarai pelos Jamindars para ajudarem nas actividades agrícolas e no trabalho ao ar livre. Os Jamindars atraíram-nos mostrando segurança pessoal e familiar. Os Jamindars garantiram-lhes uma casa separada e comida para a família. Os Musahars vieram em grupo porque preferiam a migração colectiva. Durante o sistema Jamindari, os Musahars foram transformados em força de trabalho isolada. Não havia comunicação bidirecional entre os Jamindars e os Musahars. Os Jamindars davam ordens e todos os funcionários, incluindo os Musahars, tinham de as cumprir. Não permitiam a comunicação com outras pessoas porque receavam que outros Jamindars os atraíssem e os levassem do local de trabalho.

Psicologia social e o eu

A psicologia social é considerada uma vasta disciplina florescente no atual mundo científico do desenvolvimento académico. Como Allport (1985) define: "A psicologia social é uma tentativa de compreender e explicar como o pensamento, o sentimento e o comportamento de um indivíduo são influenciados pela presença real, imaginada ou implícita de outros. E, Baron et al; (2008) apoiam explicando que a psicologia social é o campo científico que procura compreender a natureza e as causas do comportamento e dos pensamentos individuais numa situação social. A situação social é o fenómeno em que uma pessoa experimenta todas as actividades que estão em contacto com o ambiente social que a rodeia desde o seu nascimento e daí em diante. Nesse processo, uma pessoa enfrenta diferentes situações e fica a conhecer muitos factos sobre si própria. No processo de crescimento e socialização, uma pessoa chega a construir a sua identidade como "o eu" através da consciência sobre si própria. Com o "eu", é capaz de formar uma atitude e perceber a atitude dos outros em relação a si próprio, etc. Há muitos factores que ajudam a moldar os nossos comportamentos e a julgar os comportamentos dos outros (Crisp at el; 2006). Há alguns aspectos das experiências que têm um papel significativo na construção da identidade de uma pessoa e na sua relação como ser social, incluindo a auto-consciência, a atitude, o estereótipo, o preconceito e as verdades das percepções que desempenham um papel concreto na estruturação do comportamento e na continuação das relações sociais.

O eu

Os seres humanos distinguem-se dos outros animais devido à sua capacidade de refletir sobre a forma como pensam. É o chamado pensamento reflexivo. O self é uma parte fundamental de cada ser humano, uma construção simbólica que reflecte a nossa consciência da nossa própria identidade (Crisp at el; 2006). No aspeto psicológico, diz-se que a autoconsciência é um estado em que a pessoa está consciente dos seus traços, sentimentos e comportamentos. Em alternativa, pode ser definida como a perceção de si próprio como uma entidade individual (Crisp at el; 2006). O esquema refere-se ao conjunto mental de uma determinada coisa ou situação. Do mesmo modo, o esquema do eu reflecte a forma como esperamos pensar, sentir e comportar-nos numa determinada situação.

Marcus (1977) opinou que, se um determinado aspeto do self é considerado particularmente importante, se a pessoa se considera extrema nessa dimensão (alta ou baixa) e se tem a certeza de que o contrário não é verdade para ela, então um indivíduo pode ser descrito como um self esquemático nessa dimensão. É por isso que as pessoas do grupo desfavorecido ou as pessoas do grupo excluído se adoptam como um self esquemático no meio social (Crisp at el; 2006).

A autoestima é uma força interior de uma pessoa, através da qual é capaz de manipular os seus traços pessoais, sentimentos, etc. Sedikides & Gregg (2002) afirmam que a autoestima dos indivíduos é a sua avaliação subjectiva de si próprios como intrinsecamente positiva ou negativa, e pode ter implicações significativas no funcionamento psicológico e na manifestação social. Tem um papel extremo no funcionamento da relação social no fenómeno social (Crisp at el; 2006).

Em *Realities and Relationships* de Gergen (1997) explica, a teoria do eu é, afinal, nada menos do que a definição do que é ser humano. Segundo ele, essas teorias informam a sociedade sobre o que o indivíduo pode colocar no funcionamento humano e que esperanças podem ser alimentadas para uma mudança futura. O eu é aqui considerado como um elemento significativo do mundo social que tem o poder de liderar a sociedade.

Atitude e relação social

A atitude, segundo o Dicionário Oxford de Psicologia, é um padrão duradouro de respostas avaliativas em relação a uma pessoa, um objeto ou uma questão. A atitude é um estado mental no qual uma pessoa enquadra uma ideia, positiva ou negativa, sobre uma determinada coisa ou pessoa como uma avaliação. Tem um grande impacto na vida social do ser humano. Allport (1935) define "Atitude é um estado mental e neural de prontidão, organizado através da experiência, que exerce uma influência diretiva ou dinâmica sobre a resposta individual a todos os objectos e situações com os quais está relacionado" (citado por Suleman, 1999). Por sua vez, Gergen (1974) considerou que uma atitude é a disposição para se comportar de uma forma particular em relação a objectos específicos. Deste modo, o termo atitude trata de diferentes aspectos das experiências humanas e dos seus resultados. O que uma pessoa decide no seu interior, é a forma como se comporta no exterior.

Como Allport (1935) salientou, a atitude é geralmente afetada por uma série de factores: o primeiro é o *estado neural de prontidão*, que é um ato de funcionamento do cérebro de uma pessoa; o segundo é *organizado através da experiência;* é adquirido pelo ambiente circundante; o terceiro exerce *uma influência diretiva e dinâmica sobre o indivíduo;* o que significa dizer que o efeito da atitude também conduz uma pessoa numa determinada direção, que pode ser positiva ou negativa, cujo impacto vívido pode ser visto abertamente no comportamento de um indivíduo. É desta forma que encontramos uma pessoa na sociedade que pode enquadrar uma determinada situação a seu favor ou em oposição a ela. Por exemplo, uma pessoa de casta alta tem normalmente uma atitude negativa em relação a uma casta baixa e comporta-se com ela de uma forma particular consistente com a sua atitude. Esta é a base da indicação comum do papel da atitude na relação social.

De acordo com Baron et. al. (2008), em primeiro lugar, a atitude influencia o nosso pensamento, mesmo que nem sempre se reflicta no nosso comportamento; em segundo lugar, considera-se que a atitude afecta frequentemente o nosso comportamento. Isto é especialmente provável quando a atitude é forte, bem estabelecida e acessível (Ajzen, 2001; Fazio, 2000; Petty & Krosnick, 2002; como citado em Baron, 2008). Na verdade, a forma como a atitude é alterada e a razão pela qual algumas atitudes são frequentemente tão resistentes à mudança depende da magnitude da atitude em relação a um objeto social. Muitas vezes, as nossas próprias acções moldam as nossas atitudes e não o contrário.

A aprendizagem social é um dos principais meios de formação de atitudes, porque um indivíduo só pode formar uma atitude depois de entrar em contacto com alguém ou com uma situação específica. É por isso que Baron et al (2008) afirmam que os nossos pontos de vista são adquiridos na situação em que interagimos com os outros ou simplesmente observamos o seu comportamento. Morgan et al; (1993), apoiando este ponto de vista, explicam três grandes teorias frequentemente utilizadas: 1) Teorias da aprendizagem, 2) Teorias da coerência e 3) Teorias cognitivo-respostas. Em suma, a atitude é um dos aspectos muito significativos da conceção de um determinado comportamento em relação a si próprio e aos outros.

Preconceito e relação social

Preconceito é um termo que tem sido frequentemente utilizado na arena do meio social e comportamental. Basicamente, o termo "preconceito" foi cunhado na língua latina como "Praejudicium", que significa "julgamento antecipado" durante o século XIII. Também na cultura nepalesa, o preconceito é entendido como uma opinião negativa pré-concebida ou predeterminada sobre algo ou alguém ou sobre uma determinada situação. No Dicionário Oxford de Psicologia, o preconceito é definido como "uma opinião preconcebida ou um juízo formado sem a consideração adequada de provas relevantes, especialmente um juízo desfavorável baseado na pertença a um grupo, incluindo: 'racialismo', 'etnocentrismo', 'sexismo', 'ageísmo'. Um dos psicólogos norte-americanos, Allport (1897-1967), considerou-o no seu livro seminal "The Nature of Prejudice" (1954) como "um sentimento favorável ou desfavorável em relação a uma pessoa ou a uma coisa, anterior ou não baseado na experiência real". Assim, o preconceito refere-se a um determinado conjunto mental com impacto negativo em relação a um determinado indivíduo ou grupo ou a uma situação.

Normalmente, o preconceito está envolvido nas nossas actividades diárias de diferentes formas. Assim, todos nós somos um animal social; obviamente, prevalecem as nossas escolhas e interesses. Nas nossas escolhas e interesses, a maior parte deles são naturalmente a favor de um grupo e alguns são contra a nossa opinião, onde o papel do preconceito pode ser visto de forma bastante vívida. Este favoritismo e desfavoritismo entre os grupos ou indivíduos cria conflitos que se manifestam maioritariamente através do seu comportamento sob a forma de discriminação. A discriminação não é um preconceito igual, mas um resultado dele de várias formas. Desta forma, o preconceito desempenha um papel fundamental na relação social, tal como descrito na Teoria da Identidade Social de Tajfel e Turner (1974).

Nos últimos anos do século XX, a amplitude dos acontecimentos nacionais ou internacionais tem vindo a chamar a atenção para uma série de questões relacionadas com os preconceitos. Como refere Acharya (2010), o mundo atual está mergulhado num furacão de tensões etno-nacionalistas, sendo que os diferentes grupos étnicos, castas, grupos regionais e variações raciais são outros aspectos dos preconceitos que aumentam no seio de uma determinada nação. Só na década de 1990, o mundo assistiu a vários programas sustentados e sistemáticos de genocídio na Bósnia, no Kosovo e no Ruanda (Augoustinos & Roynolds,2002; citado em Acharya,2010).

Na psicologia social, existe uma infinidade de termos para o preconceito: discriminação, etnocentrismo, favoritismo do grupo interno, preconceito do grupo interno, depreciação do grupo externo, antagonismo social, estereótipo e distância social. O preconceito e os seus termos semelhantes indicam uma atitude e um comportamento negativos em relação a um indivíduo, apenas pelo facto de este pertencer a um determinado grupo. Por conseguinte, o preconceito é uma orientação negativa em relação aos membros de um determinado grupo, injustificada, irracional e errónea, rígida. Existe uma diferença entre preconceito e estereótipo. O preconceito centra-se mais em factores emocionais do que cognitivos. O preconceito é, em grande parte, uma atitude, e a discriminação é a sua implementação no comportamento que, frequentemente, envolve acções negativas dirigidas a membros de grupos externos sob várias formas. Allport (1954) sugeriu cinco fases de discriminação na psicologia social: i) Anti-locução: oposição verbal, como slogan, crítica, etc.; ii) Evitar: abandonar e manter uma distância, como impedimento, desobediência, separação, etc.; iii) Discriminação: centrar-se na diferença para ser unilateral, como obstrução, etc.; iv) Ataque físico: como assalto, violência, para mostrar agressão, etc.; e v) Extermínio: destruição total, como genocídio, homicídio, etc. Piaget (1932) considerou que as primeiras formas de preconceito étnico e racial podem ser interiorizadas em crianças entre os cinco e os dez anos de idade (Brandwein et al;).

O papel do preconceito no contexto do Nepal tem sido estudado sob diferentes formas e estruturas, uma vez que este é um país baseado em bases multicastas, multiétnicas, multiculturais e multirraciais. Parece haver uma grande variedade de questões preconceituosas nas nossas práticas quotidianas. Basicamente, há três grupos sociais principais que foram marginalizados pela política monopolista tendenciosa do Estado. São eles o grupo étnico, com base na cultura, o Dalit, com base na casta, e o Madhesi (Tarai), com base na localização geográfica (Acharya.2010). Deste modo, a sociedade nepalesa enfrenta recorrentemente o efeito prejudicial na sua vida quotidiana, através de comportamentos discriminatórios nas diferentes esferas da vida social. Na maior parte dos casos, o preconceito exprime-se através da língua, noutros casos através da cultura e, muito frequentemente, no Sudeste Asiático, através de formas religiosas.

Estereótipo e relação social

Normalmente, o estereótipo refere-se a um determinado esquema cognitivo ou crença relativamente a um determinado grupo de pessoas. Por vezes, na nossa sociedade, ouvimos as pessoas falarem de um determinado acontecimento ou cultura, o que leva a um mal-entendido de uma determinada situação. Por exemplo, desenvolvemos uma imagem mental sobre uma pessoa que pertence a um determinado grupo social ou cultural, independentemente da sua personalidade, do seu estatuto socioeconómico elevado e da sua educação. Assim, o estereótipo também pode ser entendido como uma crença rígida.

De acordo com Stratton e Nicky Hayes (1991), o estereótipo é uma crença sobre uma classe de pessoas que é depois aplicada a um membro individual da classe para criar expectativas sobre a pessoa na ausência de conhecimentos específicos (Suleman, 1999). O estereótipo é um conceito que obriga um indivíduo a classificar falsamente uma situação ou uma pessoa com uma mentalidade específica. A classificação pode prevalecer sobre a pertença a uma determinada cor ou estrutura facial ou a um determinado grupo cultural. O estereótipo é um fator cognitivo de um indivíduo que dá origem a preconceitos. O preconceito é um aspeto emocional do conjunto mental de um indivíduo. Por exemplo, a atitude negativa dos brancos em relação aos negros é um preconceito, ao passo que a classificação com base na cor da pele ou em quaisquer outros traços ou caraterísticas dos negros e dos brancos como classe é considerada um estereótipo (Suleman, 1999).

No Dicionário de Psicologia de Oxford, o termo estereótipo é: "Uma generalização relativamente fixa e demasiado simplificada sobre um grupo ou classe de pessoas, geralmente centrada em caraterísticas negativas e desfavoráveis". Neste caso, o estereótipo tem como objetivo formar as caraterísticas de um indivíduo. Assim, com base em determinadas caraterísticas, uma pessoa pode ser afetada por um estereótipo específico, com base no qual pode enfrentar diferentes desafios na sociedade. Lindgren e Marrash (1970) estudaram a exposição da cultura americana e britânica (Suleman, 1999). De entre as várias causas, Suleman (1999) indica as seguintes como causas significativas dos estereótipos: i) Experiência real parcial; ii) Imitação; iii) Tradições e costumes; iv) Aprendizagem social; v) Distância social e cultural. No nosso contexto, parecem ser também causas muito relevantes da formação de estereótipos.

No contexto nepalês, diferentes estudos sobre perspectivas sociopolíticas revelam resultados claramente estereotipados. Atualmente, a questão dos Madhes e da comunidade Madhesi, que é muito exposta, é vista de forma estereotipada, uma vez que são considerados indianos e, do mesmo modo, muitas pessoas dos Himalaias são consideradas tibetanas, embora não o sejam. Ahuti (2004), Kisan (2002) e outros activistas e investigadores Dalit apresentaram nos seus estudos a forma como as pessoas de um mesmo país estão a sofrer de uma política nacional dupla em termos de comportamento.

Identidade e relação social

A identidade é o termo que se refere à perceção de si próprio como membro de um determinado grupo (Tajfel e Turner, 1986). Para construir uma identidade, há um papel significativo da perceção e da atitude em relação a um determinado grupo. É importante ter informações sobre os outros antes de decidir que tipo de interações ter com eles. A perceção que se tem da personalidade e dos sentimentos dos outros - bem como a causa do comportamento - orienta a forma como se vai reagir a eles e o tipo de relação que se vai ter com eles (Morgan et al., 1956).

O autoconceito de um indivíduo torna-o consciente da sua pertença. O que é que nos faz ter uma ideia concreta da nossa própria identidade? O auto-conceito de um indivíduo pode variar em termos da ênfase que dá ao eu pessoal ou ao eu social. As pessoas têm múltiplas identidades, o que pode ter implicações bastante diferentes no comportamento, dependendo da identidade social que é activada (Bryne et al., 2008).

A forma de atitude das pessoas desempenha um papel muito importante em quaisquer actividades discriminatórias. Uma vez formada, a atitude relevante para a discriminação contra uma determinada categoria de pessoas tem mais probabilidades de afetar o comportamento das pessoas quando estas sentem que estão a sofrer uma ameaça (citado em Bryne et al., 2008; Stephan & Stephan, 2002). As atitudes são importantes, uma vez que se presume que orientam o comportamento. Significa que nos comportamos à medida que formamos uma atitude em relação a alguém ou a um determinado grupo.

A perceção social, a atitude e o papel da identidade têm uma grande influência no comportamento de um indivíduo. E, através de um determinado comportamento, é possível desenvolver e manter a relação com os outros. A interação interpessoal é uma parte importante das relações sociais. De acordo com Morgan e outros, a relação social baseia-se e mantém-se com base nestes factores. Os factores de proximidade, semelhança de atitudes e atratividade física estão envolvidos no comportamento interpessoal ou a nível de grupo (Morgan et al., 1956).

O preconceito de casta é generalizado em alguns países, incluindo o Nepal. A casta determina a hierarquia da organização social e as identidades sociais não dominantes são fundamentais para a desumanização e a privação de indivíduos e grupos sociais (Jose, 2013; Jose & Sabu, 2013). A identidade dá um sentido de auto-existência a uma pessoa e um sentido de pertença uns aos outros em grupos sociais. Se estas identidades, tanto a nível individual como de grupo, estiverem bem ligadas a um passado glorioso e/ou a um presente esplêndido, ou mesmo a ambos, conduzem a um posicionamento social dominante ou, pelo menos, equitativo dos grupos sociais nos sistemas sociais mais alargados. O Musahar carece de ambos quando comparado com a casta alta hindu.

Os indivíduos nascidos com o rótulo de casta e socializados num ambiente sociocultural caracterizado pela casta influenciam substancialmente a formação e cristalização da identidade (Jose, 2013). Finalmente, leva à experiência de identidade em que os indivíduos de comunidades de castas inferiores tendem a refletir e a cristalizar a auto-consciência e a auto-identificação que são inferiores, negativas e não dominantes (Kumar & Varghese, 2012). Isto não só influenciou a formação de uma autoimagem negativa, aumentou a perceção do estigma e da discriminação na vida quotidiana, como também teve efeitos incapacitantes críticos na sua capacidade de continuar a sua vida contra a opressão e a discriminação baseadas na casta. Além disso, impediu-os de fazer valer os seus direitos e esforços de emancipação e de se manifestarem contra as atrocidades cometidas contra si próprios e contra os membros do grupo (Varghese, 2011a; Varghese 2011b; Jose et al., 2012a; Jose e Maheshwari, 2012b).

Os indivíduos que desenvolveram um menor nível de identidade étnica podem ter dificuldades em identificar e reconhecer práticas discriminatórias inerentes às instituições a que estão sujeitos no dia a dia. Esses indivíduos são susceptíveis de intelectualizar esses tratamentos discriminatórios como sendo deficiências das suas próprias capacidades e personalidades e não da sua etnia ou pertença a um grupo social (Jose, 2013). Em suma, pode dizer-se que o "eu" é a construção simbólica da própria imagem, que é importante para a identidade do "eu" e do grupo a que se pertence. A identidade social localiza o indivíduo e o grupo com um estatuto particular na "hierarquia" social que impede ou facilita o crescimento e o funcionamento num mundo sociocultural. A perceção e a atitude desempenham um papel significativo na construção de uma identidade. Uma vez formada a identidade, esta desempenha um papel importante no desenvolvimento de uma perceção estereotipada, de preconceitos e de comportamentos discriminatórios. O estereótipo classifica um indivíduo ou um grupo numa determinada categoria. Este esquema cognitivo influencia a avaliação preconceituosa e, consequentemente, o comportamento preconceituoso. O etnocentrismo, o favoritismo do grupo, os preconceitos do grupo, a depreciação do grupo exterior e a distância social são a função da cognição social que inclui a perceção de si próprio e dos outros, a atitude, o preconceito e o estereótipo. Os preconceitos e a discriminação a nível de grupo em relação a um determinado grupo têm consequências sociais negativas. No contexto de *Musahar*, os intocáveis do sistema de castas hindu, são o resultado de processos psicológicos sociais de componentes cognitivas, afectivas e comportamentais.

CAPÍTULO 3: METODOLOGIA DE INVESTIGAÇÃO

A metodologia é um roteiro para qualquer atividade de investigação. Por metodologia entende-se a forma de efetuar a investigação. Existem várias abordagens como metodologia de investigação nas diferentes disciplinas e mesmo numa única disciplina. A metodologia difere ligeiramente consoante as disciplinas, como nas ciências naturais, nas ciências sociais e nas ciências humanas. A psicologia também tem os seus métodos únicos utilizados para recolher um tipo específico de informação.

No presente estudo, foi adoptada uma conceção de investigação adequada e métodos científicos relacionados para a recolha de dados primários na área de estudo selecionada. Este capítulo descreve a conceção da investigação e os métodos utilizados para recolher informações específicas relevantes para responder à pergunta. Tendo em conta a natureza dos dados necessários para este estudo, foram utilizados métodos quantitativos e qualitativos. Seguem-se as descrições da conceção da investigação e do método.

Conceção da investigação

A conceção da investigação é uma estratégia global selecionada para integrar as diferentes componentes do estudo de uma forma coerente e lógica, assegurando assim que contribuirá eficazmente para a resolução do problema de investigação. A conceção constitui o plano para a recolha, a medição e a análise dos dados.

De acordo com Burns e Grove (2003:195), um desenho de investigação é "um plano para realizar um estudo com o máximo controlo sobre os factores que podem interferir com a validade dos resultados". Parahoo (1997:142) descreve um projeto de investigação como "um plano que descreve como, quando e onde os dados devem ser recolhidos e analisados". De acordo com Polit et al (2001:167), uma conceção é o esquema global do investigador para responder à questão de investigação ou testar a hipótese de investigação (Lengen, 2009). Assim, a conceção da investigação é uma parte inevitável do trabalho de investigação.

No presente estudo, foi adotado um método de investigação exploratório, descritivo e de triangulação. São utilizados métodos qualitativos e quantitativos para recolher dados e examinar a atitude, a perceção e as preferências sociais existentes da população *Musahar*. A população Musahar não está espalhada por todos os cantos do distrito, vivendo antes numa determinada zona de bolso que lhe foi atribuída. Na sua maioria, são analfabetos, trabalhadores manuais e afastam-se dos outros. Por conseguinte, foi utilizado um método de amostragem não probabilístico para a recolha de dados.

Área de amostragem	**Natureza dos dados**	**Método de amostragem**	**Tamanho da amostra**	**Ferramentas utilizadas**
Distrito de Saptari	Quantitativo	Método de amostragem não probabilística	128	Ferramentas de questionário padrão 1. Escala de distância social de Bogardus (modificada por B. Kuppuswami em 1951) 2. Teste "Perception of Self and Others" de

				Osgood et al; 3. "Teste das vinte afirmações" de Kuhn e McPharland (1954)
Distrito de Saptari	Qualitativo	Não-probabilidade	5	Orientações para as entrevistas
Distrito de Saptari	Qualitativo	Não-probabilidade		Observação

Seleção da área de investigação e respectiva justificação

Entre os intocáveis do Tarai, o povo *Musahar* é considerado um dos grupos de castas mais desfavorecidos. Socialmente, são os intocáveis dos intocáveis. São vistos como uma casta de trabalhadores mineiros emigrados da Índia. A maioria dos *Musahar* foi trazida para o Nepal para cortar árvores para terrenos agrícolas. Muitos deles sobrevivem trabalhando nas quintas como mão de obra. O local de estudo foi, por conseguinte, a zona rural do Tarai, onde vivem muitos *Musahar*. A área de estudo (distrito de Saptari) foi selecionada com base no recenseamento de 2011/número de habitantes e na comunidade *Musahar*. Assim, a seleção da área de estudo baseia-se nas seguintes razões específicas

1. O número de habitantes de *Musahar* neste distrito é o segundo, seguido do distrito de Siraha. A população total de *Musahar* é de 38 625 habitantes (CBS, 2011) no distrito de Saptari.

2. O distrito de Saptari, na região de Tarai, é a pátria natural da comunidade *Musahar*. De acordo com o conto popular local, o templo do deus ancestral *Deena-Bhadri* de *Musahar* está situado no distrito de Saptari. Pensa-se que a atual área de estudo é a terra natal original do povo *Musahar*.

3. O contexto social deste distrito está estritamente dividido com base no sistema de castas, à semelhança do resto do Nepal, e a divisão é estritamente praticada pelos hindus de casta elevada. Por conseguinte, partiu-se do princípio de que a identidade social e a interação entre a casta baixa e a casta alta podem ser medidas de forma eficaz, tal como praticadas entre estes dois grupos.

Natureza e fonte dos dados

Como já foi referido, os dados são de natureza primária e secundária. Os dados primários foram recolhidos através de trabalhos de campo. Do mesmo modo, os dados secundários foram recolhidos através de materiais publicados e não publicados, tais como artigos de investigação, relatórios, livros, perfis CBS, VDC e DDC. A natureza dos dados recolhidos é quantitativa e qualitativa.

Universo de amostragem

Parahoo (1997:218) define população como "o número total de unidades a partir das quais os dados podem ser recolhidos", tais como indivíduos, artefactos, eventos ou organizações (Lengen, 2009). O universo da amostragem é considerado como o horizonte global dos sujeitos pertencentes ou inquiridos de qualquer estudo de investigação. Na maioria dos sítios, é também designado pelo termo "população". A população total de Musahar do Nepal é de 234 490 pessoas, ocupando o 20.º lugar entre todos os grupos de castas do Nepal e o segundo maior grupo Dalit do Tarai (CBS, 2011). O universo deste estudo é a população total da casta *Musahar* (38 625, CBS, 2011) do distrito de Saptari.

Dimensão da amostra e procedimento

O número total da população de *Musahars* neste distrito (a área de estudo) é de 38 625 (CBS, 2011). Da população total de Musahar do distrito de Saptari, foram selecionados 128 inquiridos com idades compreendidas entre os 19 e os 56 anos, especialmente para os três questionários padrão. E, para o estudo de caso, foi aplicado o método de amostragem intencional para selecionar os inquiridos do universo.

Recolha de dados

A recolha de dados é uma das tarefas mais difíceis em qualquer atividade de investigação. O investigador tem de ser claro quanto à natureza dos dados, que é favorável à resposta ao problema de investigação em causa. Também tem de ter em conta a seleção de instrumentos e técnicas adequados para recolher os dados reais e satisfatórios. Assim, este capítulo trata do procedimento de recolha de dados, das técnicas, dos instrumentos, dos padrões de organização dos dados e da sua apresentação.

Procedimento de recolha de dados

No presente estudo, o investigador preparou primeiro todos os materiais essenciais antes de ir para o campo de estudo. Depois, o investigador observou todos os locais de recolha de dados no distrito, de modo a poder decidir sobre o início da tarefa de recolha de dados e torná-la viável de acordo com o calendário. Finalmente, ao obter o consentimento oral dos inquiridos, o investigador iniciou o seu trabalho de recolha de dados.

Ferramentas e técnicas

As técnicas e os instrumentos são uma parte essencial no mundo da investigação científica. Como técnica de recolha de dados, durante este estudo, foram utilizados três instrumentos normalizados. De acordo com as necessidades das questões de investigação, todos os instrumentos foram utilizados separadamente para cada inquirido. E o estudo de caso foi efectuado com base numa entrevista.

A fim de gerar os dados primários para este estudo, foram recolhidas algumas ferramentas padrão como a Modificação de Bogardus "Distância Social" por B. Kuppuswami em 1951, "Teste de Perceção de Si e dos Outros" de Osgood et al; para dados quantitativos, e "Teste das Vinte Declarações" de Kuhn e McPharland (1954) e Estudo de Caso para dados qualitativos.

Escala de perceção de si próprio e dos outros

Os dados primários foram recolhidos através da "Escala de perceção de si próprio e dos outros", uma das ferramentas padrão utilizadas desde há muito tempo. Foi desenvolvida por Osgood e outros. É especialmente utilizada para examinar a perceção de si próprio e dos outros em termos de determinantes físicos, emocionais e sociais.

A fim de recolher os dados, esta ferramenta de investigação tornou-se adequada para descobrir a perceção que as pessoas *Musahar* têm de si próprias e das outras pessoas *(não Musahar)* que vivem na mesma comunidade. O inquérito foi conduzido de um para um inquirido. E foi selecionado como um instrumento adequado para atingir o primeiro objetivo desta investigação.

Teste das vinte afirmações

O Twenty Statement Test (TST) foi desenvolvido para operacionalizar conceitos-chave da perspetiva interaccionista simbólica por Kuhn e McPharland (1954 como citado em Aypay et al., 2011) desde então, o teste tem sido amplamente utilizado para descrever o conteúdo do self. Este teste é muito eficaz na extração de informações sobre o conhecimento, a compreensão e o pensamento sobre o eu. O TST é um instrumento de investigação qualitativa que fornece respostas e dados quantificáveis.

O TST foi utilizado como instrumento de recolha de dados primários para recolher informações dos inquiridos, através do qual foi atingido o segundo objetivo desta investigação. Também foi realizado um a um com os inquiridos. Para recolher a informação, os inquiridos revelaram a ideia construída sobre si próprios.

Todas as vinte afirmações podem ser agrupadas em quatro categorias: A, B, C e D. O investigador e um dos seus assistentes verificaram a categorização. Apenas algumas afirmações diferiam e o investigador trabalhou em conjunto com as diferenças. Em seguida, os códigos categorizados foram introduzidos no SPSS-16 e também se utilizou o Ms Excel para calcular os dados. Depois disso, foram efectuadas as estatísticas descritivas e a distribuição das afirmações.

Entre os muitos procedimentos de codificação das afirmações do TST na literatura relacionada, incluindo a "Abordagem da Categoria Específica" e a "Abordagem do Domínio Total", McPharland (1965) desenvolveu um método abrangente denominado "Esquema Referencial", que inclui quatro categorias. De acordo com este método, as respostas à pergunta "Quem sou eu?" reflectem as diferentes relações dos indivíduos com o seu mundo objetivo. São quatro categorias e são auto-excludentes (Nigel Ree e Nigelson, 1994; Citado em Aypay et al; 2011). Todas estas categorias se baseiam no que se segue:

1. **Categoria - A:** Diz respeito à *aparência física,* que inclui todas as afirmações que reflectem explicações corporais; sou alto..., sou negro, sou magro, etc.

2. **Categoria - B**: Reflecte as questões relativas aos *papéis sociais.* Trata-se de afirmações relacionadas com as actividades sociais e a conetividade social do indivíduo. Por exemplo, sou um ativista social, tenho opiniões diferentes das da classe alta, prefiro viver em sociedade ou numa aldeia, etc.

3. **Categoria - C:** Incide sobre as *caraterísticas pessoais* dos inquiridos. Significa a atribuição pessoal de pensamento abstrato. A forma como se valorizam a si próprios. Por exemplo: sou generoso, tenho sorte, sou feliz, sou divertido, sou prestável, etc.

4. **Categoria - D**: Trata das afirmações que diferem de todas as categorias anteriores. Trata-se da categoria *Oceânica (pode ser utilizado outro termo)*. Nesta categoria, são

mantidas todas as afirmações vagas que são difíceis de manter num grupo específico. Por exemplo: Eu sou um ser humano. Sou cidadão deste país. Todos nós somos filhos de Deus, etc.

Modificação da "Distância Social" de Bogardus por B. Kuppuswami em 1951

A ferramenta de avaliação da distância social foi originalmente desenvolvida por Bogardus. Mas, mais tarde, foi modificado por B. Kuppuswami em 1951. Este teste será utilizado para determinar as preferências sociais entre a comunidade *Musahar* e as pessoas de outras castas.

Os dados recolhidos através deste teste vão ao encontro do terceiro objetivo desta investigação. Este teste examina o estado relacional dos *Musahars* com outras castas, que é um dos factores essenciais e sensíveis da condução do tratamento comportamental na sociedade.

Estudo de caso

O estudo de caso é uma fonte de informação muito fiável sobre os acontecimentos graves com que o inquirido se deparou. Os dados podem ajudar a criar uma imagem real da relação e do tratamento das pessoas *Musahar* e *não Musahar*. Foram estudados casos muito típicos através de KII durante a visita ao terreno.

Critérios de inclusão/exclusão

Este estudo centrou-se na participação máxima de pessoas alfabetizadas

1. Inquiridos *Musahar* do sexo masculino e feminino com mais de dezoito anos.

2. Foram excluídos *os Musahar* que não conseguiram comunicar ou não compreenderam a declaração.

3. Os que não concordaram em participar também foram excluídos do estudo.

4. Foram excluídos *os muçulmanos* com menos de 18 anos de idade.

5. Foram incluídos no estudo *Musahar* de quatro VDCs do distrito de Saptari, nomeadamente Jamuni Madhepura, Malekpur, Kochabakhari e Boriya.

Foram também discutidos dois grupos de castas altas do Tarai: Yadav (Kshetriya) e Das (Kathbaniyan, conhecido pelo apelido "Das"). A população total de Yadav em Saprary (área de estudo) é de 100 781 e a de Das é de 14 871 (CBS, 2011). Não foram envolvidos nesta investigação. Apenas foram consideradas as opiniões dos Musahar sobre eles.

Diretrizes éticas

Para a recolha dos dados, foram rigorosamente seguidas as diretrizes éticas para a prática geral de investigação. Antes de iniciar a recolha de dados, foi obtido o consentimento dos inquiridos, tendo sido mantida a confidencialidade de todos os informadores. Não foram utilizados quaisquer termos depreciativos durante o período de recolha de dados para evitar qualquer humilhação para o inquirido.

CAPÍTULO 4: RESULTADOS E DISCUSSÃO

1. Caraterísticas sócio-demográficas

Segue-se a descrição das caraterísticas sociodemográficas da amostra selecionada para efeitos de investigação. O resultado indicado baseia-se nesta amostra de *Musahar*.

Informação demográfica (Outlook) do povo Musahar entre os dados selecionados;

Quadro - 1

Caraterísticas demográficas dos inquiridos por idade, sexo, habilitações literárias e situação profissional

	Masculino	Feminino	Total	Percentagem
1 **Grupo etário**				
10-20 (19 e mais)	10	2	12	9.4
21-30	33	12	45	35.2
31-40	36	9	45	35.2
41-50	16	6	22	17.2
51-60 (até 56)	4	0	4	3.1
	99	**29**	**128**	**100.0**
2 **Nível de escolaridade**				
Não alfabetizados	52	23	75	58.6
Primário	39	4	43	33.6
Secundário inferior	7	2	9	7.0
Secundário	1	0	1	0.8
	99	**29**	**128**	**100.0**
3 **Estatuto do trabalhador**				
Mulher da casa	0	3	3	2.3
Trabalho agrícola	88	25	113	88.3
Serviço	2	1	3	2.3
Trabalhador independente	9	0	9	7.0
	99	**29**	**128**	**100.0**

Fonte: Inquérito de campo, 2014; N = 128

O quadro 1 indica as caraterísticas demográficas básicas do total de inquiridos dos *Musahars*. Inclui a idade, o sexo, a escolaridade e a situação de empregado dos inquiridos. O total de inquiridos foi de 128, entre os quais 99 do sexo masculino e 29 do sexo feminino, de diferentes faixas etárias, com um mínimo de 19 anos e um máximo de 56 anos. O investigador seguiu rigorosamente a faixa etária de base da Constituição nepalesa e o limite de idade de base do nível de vida da idade média dos nepaleses.

Os inquiridos com menos de 20 (19 anos e mais) anos eram 12 (10 homens e 2 mulheres) 9,4% do total de inquiridos. Da mesma forma, os inquiridos com idades compreendidas entre os 21 e os 30 anos eram 45 (35,2%) do total, sendo 33 do sexo masculino e 12 do sexo feminino; os inquiridos com idades compreendidas entre os 31 e os 40 anos eram também 45 (35,2%), sendo 36 do sexo masculino e 9 do sexo feminino; os inquiridos com idades compreendidas entre os 41 e os 50 anos eram 22 (17,2%), sendo 16 do sexo masculino e 6 do sexo feminino; e, finalmente, os inquiridos com idades compreendidas entre os 51 e os 60 anos eram 4 (3,1%), apenas do sexo masculino. Estes dados mostram que o grupo etário mais significativo dos inquiridos é o dos 20 aos 40 anos, que é o mais enérgico e recetivo dos *Musahar*.

No quadro 1, o segundo componente mostra o nível de instrução dos inquiridos. Entre eles, 75 inquiridos (52 do sexo masculino e 23 do sexo feminino) eram considerados não alfabetizados. A percentagem foi de 58,6%. 43 (33,6%) inquiridos do total tinham até o nível primário, dos quais 39 eram do sexo masculino e apenas 4 do sexo feminino. Apenas 9 inquiridos tinham concluído o ensino secundário, entre os quais 7 homens e 2 mulheres. São 7% do total de inquiridos. E, no total dos inquiridos, apenas um inquirido do sexo masculino (0,8% do total) concluiu o nível secundário. De acordo com o resultado, a percentagem significativa dos inquiridos é não alfabetizada, mas entre os inquiridos alfabetizados, o número de mulheres parece ser muito baixo. O CBS-2011 revelou que 21,82% do número total de *Musahar* são alfabetizados, dos quais 26,90% são homens e 16,66% são mulheres. Também neste relatório, a situação das mulheres é muito pobre em termos de literacia.

O terceiro componente desta tabela 1 é o estatuto de trabalhador dos inquiridos. De acordo com o resultado, a maioria dos inquiridos revelou estar envolvida como mão de obra agrícola. Do total de 128 inquiridos, 113 (88,3%) foram apresentados como mão de obra agrícola, sendo 88 homens e 25 mulheres. Em seguida, 9 (7,0%) inquiridos responderam que trabalhavam por conta própria, como riquexó, carpinteiro, ativista, etc. Apenas os inquiridos do sexo masculino estavam envolvidos nesta categoria de emprego. Do mesmo modo, três inquiridas (2,3%) do total apresentaram-se como donas de casa completas. E outros três inquiridos (2,3%) do total de inquiridos foram registados como prestadores de serviços, como carteiro, exército, etc., dos quais dois eram homens e uma mulher.

Estado civil do povo Musahar

Quadro - 2

Estado civil da população Musahar

	Frequência(*f*)	Percentagem (%)
Casado	116	90.62
Individual	6	4.69
Viúva	6	4.69
Total	128	100

Fonte: Inquérito de campo; 2014, N=128

A Tabela 2 indica o estado civil dos inquiridos. Do número total da amostra, 116 inquiridos eram casados, sendo a sua percentagem de 90,62, enquanto o número de inquiridos com estado civil solteiro era de seis; 4,69% e havia seis inquiridos viúvos, cobrindo 4,69% do total de inquiridos do presente inquérito.

Tipo de família dos inquiridos

Quadro - 3

Tipo de família		
	Frequência (*f*)	Percentagem(%)
Conjunto	106	82.8
Nuclear	22	17.2
Total	**128**	**100**

Fonte: Inquérito de campo; 2014, N=128

O quadro 3 mostra a estrutura familiar do povo *Musahar*. Dos 128 inquiridos, 106 preferiam a família conjunta, o que corresponde a uma percentagem de 82,8%. E apenas 22 pessoas manifestaram o seu interesse pela família nuclear (família separada), o que corresponde a 17,2% do total.

O resultado da população amostrada mostrou que tem uma tradição de casamento precoce, é suscetível de se divorciar ou viver separadamente. A separação forçada é uma condição relacionada com a cultura de dominação masculina, no entanto, a situação de divórcio. Nas castas altas, o divórcio é um fenómeno raro, exceto nos casais com um elevado nível de instrução. A maioria dos *Musahar* é analfabeta ou semi-analfabeta (92,2%) e o sistema familiar é mais orientado para a família conjunta. O sistema de família conjunta é uma parte inerente ao sistema familiar tradicional hindu.

2. Formação da identidade como Musahar

Perceção de si próprio através do Twenty Statement Test (TST)

O Twenty Statement Test (TST) de Kuhn e McPartland (1954) foi utilizado para avaliar a auto-perceção dos Musahar através da resposta a uma pergunta: "Quem sou eu?". O resultado deste teste revelou o pensamento original dos inquiridos. Na verdade, o que é que eles pensam sobre si próprios enquanto seres sociais? Como é que se identificam? A natureza do TST é que um inquirido tinha de dar 20 afirmações que o identificassem. Todas as respostas foram categorizadas em quatro categorias: i) aparência física, ii) papéis sociais, iii) traços pessoais e iv) oceânica. Alguns exemplos de respostas são apresentados a seguir:

Aspeto físico:

1. Alto.
2. Preto (cor)
3. Gordura
4. Estilo de cabelo (cabelo comprido)
5. Vestido tradicional (sari)
6. Vestuário/aparência
7. Magro/ magro

Papel social:

1. Odiar comportamentos intocáveis
2. Não estou interessado em política.
3. Cooperativa social.
4. Eu sou pai.
5. Pobres
6. Casta pequena (baixa)
7. Como a participação social.

Caraterísticas pessoais:

1. Sou laborioso.
2. Eu sou útil.
3. Sinto-me preocupado quando alguém me repreende por ser Dalit.
4. Adoro pessoas de idade avançada.
5. Eu sou gentil.
6. Eu sou uma pessoa alcoólica.
7. Nunca faço batota com os outros.

Resposta oceânica:

1. Eu faço bem-estar ao outro (porque, disse ele, é um curandeiro).
2. Eu sou o cidadão deste país.
3. Também sou um ser humano como os outros.
4. Somos filhos de "Rishikula", uma deusa do período de Rama.
5. Eu sou nepalês.
6. Eu sou um "Mahatma/Muni", um discípulo de Deus.
7. Eu sou um *Musahar*.

Perceção de si próprio através do Twenty Statement Test (TST)

Figura -1

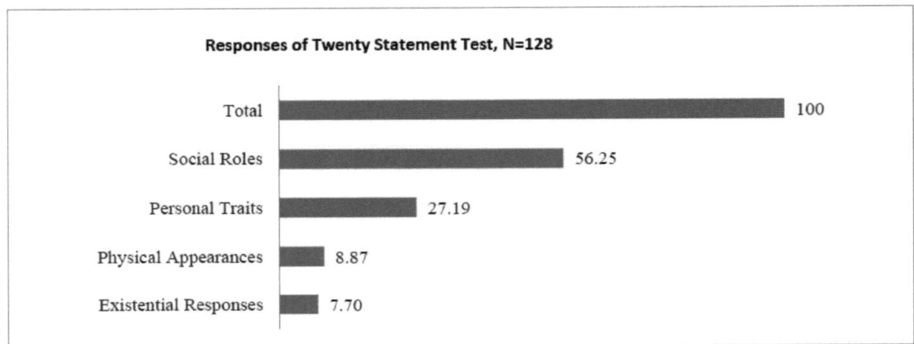

Fonte: Inquérito de campo; 2014, N=128

A Figura - 1 indica a perceção que o povo *Musahar* tem de si próprio na sua sociedade. Estes dados apresentam a visão global da população de *Musahar* em resposta à pergunta "Quem sou eu?" através do Twenty Statement Test (TST) de McPartland (1954). Do total de inquiridos, 56,25% centraram-se nos *papéis sociais,* 27,19% dos inquiridos consideraram os seus *traços pessoais,* 8,87% responderam sobre a sua *aparência física* e apenas 7,70% dos inquiridos falaram sobre o *oceânico.*

Perceção de si próprio através do Twenty Statement Test (TST) entre mulheres

Figura - 2

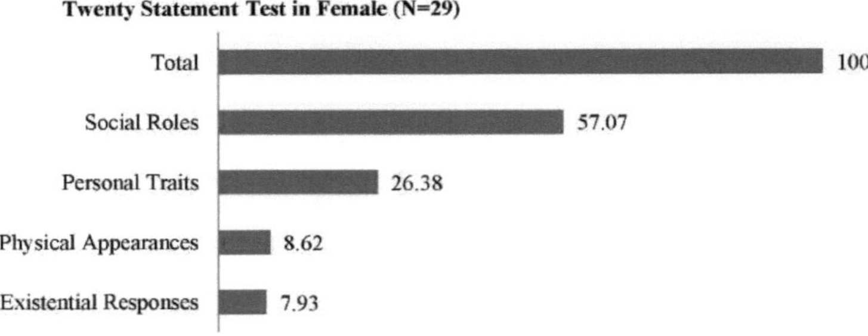

Fonte: Inquérito de campo; 2014, N=29

Na figura -2, os dados indicam que a perspetiva feminina do self. Entre todos os inquiridos, havia 29 participantes do sexo feminino. Por isso, estes pontos de vista eram de todos os inquiridos. De acordo com a figura, 57,07% das respostas referem-se a *Papéis Sociais,* 26,38% a *Traços Pessoais,* 8,62% *a Aparência Física* e 7,93% a Aspectos *Oceânicos.*

Perceção de si próprio através do Twenty Statement Test (TST) entre homens

Figura - 3

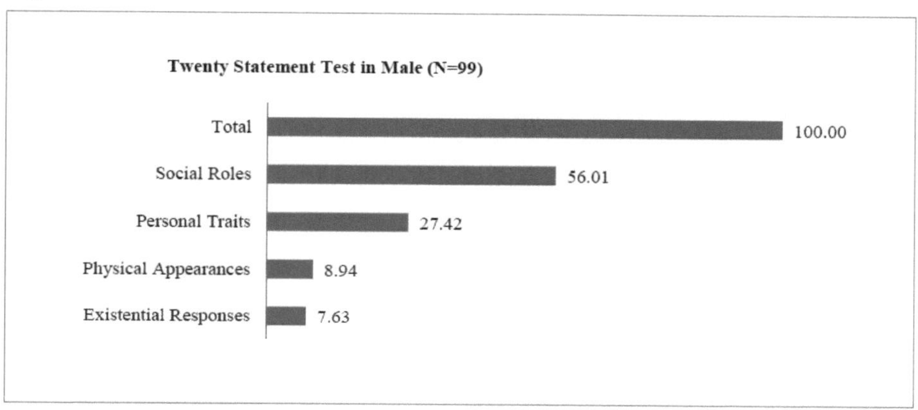

Fonte: Inquérito de campo; 2014, N=99

A figura - 3 indica a perceção de si próprio em resposta à pergunta "Quem sou eu?" pelos membros masculinos dos *Musahars*. Responderam a todas as vinte afirmações sobre a sua perceção de si próprios. Foram 99 os inquiridos do sexo masculino. Entre todas as respostas, 56,01% indicam a sua motivação nos *Papéis Sociais,* 27,42% nos *Traços Pessoais,* 8,94% na *Aparência Física* e 7,63% na *Oceânica.*

A maioria dos *Musahar* considera-se alta, magra, de cor negra, com cabelo comprido e vestindo roupas tradicionais (mais baratas do que as roupas modernas). Consideram-se trabalhadores, simpáticos, prestáveis e nunca enganam os outros. No entanto, quando se trata de se percepcionarem a si próprios no contexto do mundo social, a sua perceção do eu é largamente orientada pelo papel social que lhes é imposto (Baron et al; 2008, Crisp et al; 2006, Allport, 1985). O papel social depende da perceção e da atitude dos outros grupos. Neste caso, o papel social está ligado à casta e ao papel relacionado com a casta esperado pelos outros. Os *Musahar* parecem estar muito conscientes da construção do seu "eu". O "eu" individual construído é influenciado pelo "eu" social, tal como concebido através do sistema de castas, tal como explicado por Sedikides & Gregg (2002). Verificou-se que os Musahar estavam mais conscientes do seu papel social (56,1%) e que se compreendiam mais pelos papéis sociais do que pelas caraterísticas pessoais (27,42%).

Os Sudras, também conhecidos como dalit, eram as pessoas que cultivavam a terra, remendavam os sapatos, lavavam a roupa e faziam todo o tipo de trabalhos braçais. No entanto, os membros desta casta partilhavam o estigma da intocabilidade; era-lhes frequentemente negada a possibilidade de comer, fumar ou mesmo de se sentarem com os membros das castas superiores, e muitas vezes tinham de utilizar poços separados dos que eram mantidos para uso dos outros, como também apoia Tamrakar et al. (2002); Ahuti (2004); Kisan (2002) e Biswakarma et al. (2003).

3. A perceção local do eu e do outro por Musahar

Perceção de Osgood em relação a si próprio e aos outros

A escala de Osgood é uma escala bipolar que contém uma série de objectos de atitude. Em função da atitude pré-existente em relação a determinados grupos, o inquirido classifica-os numa série de escalas bipolares. Todos estes objectos de atitude podem ser classificados em três factores principais: avaliação, potência e atividade.

Uma vez que o presente estudo se centrou mais na atitude baseada na perceção em relação a si próprio e aos outros, apenas foram recolhidas *as percepções dos Musahar* sobre si próprio e os outros, e apenas foram selecionadas e apresentadas as percepções positivas e negativas mais elevadas. O objetivo principal era descobrir como *os Musahar* tinham concebido a sua visão do mundo em relação a si próprios e ao mundo social em que vivem.

A escala bipolar é utilizada para medir a perceção positiva e negativa sobre si próprio e sobre os outros. Seguem-se as percepções positivas e negativas dos *Musahar* em relação a si próprios e a outros grupos dominantes da comunidade. Dentro destes dois valores, são identificados os principais factores, ou seja, a avaliação, a potência e a atividade. A abordagem destes factores principais está para além do âmbito deste estudo, mas a reflexão da perceção em termos destes valores é brevemente descrita para compreender que caraterísticas dos *não-Musahar* estão a ser atribuídas pelos *Musahar.*

Com base numa escala de classificação de sete pontos, a escala de diferencial semântico foi dividida em positiva (+3) e negativa (-3). A escala foi organizada da seguinte forma: "muito próximo do traço positivo (+3)"; "muito próximo do traço positivo (+2)"; "pouco próximo do traço positivo (+1)"; "neutro (0)"; "pouco próximo do traço negativo (-1)"; "muito próximo do traço negativo (-2)" e "muito próximo do traço negativo (-3)".

Perceção *Musahar* sobre 3 factores

Perceção dos traços positivos do eu por parte *dos Musahar*, Yadav e Das (n=128)

Tabela -4

Perceção de si próprio *(Musahar)*		Perceção dos outros (Yadav)		Perceção dos outros (Das)	
Cooperativa (e)	100%	Saudável (p)	100%	Saudável (p)	100%
Honesto (e)	99.22%	Forte (p)	100%	Grande (p)	100%
Tipo (e)	99.22%	Feliz (e)	100%	Ativo (p)	100%
Bom (e)	96.09%	Limpo (e)	100%	Rápido (p)	100%

"E" para avaliação, "P" para potência e "A" para atividade

- A potência reflecte os tipos de letra que são vistos como tendo força, poder ou vigor.
- Avaliativo reflecte os tipos de letra que são vistos como tendo valor, valia e importância.
- Activity reflecte os tipos de letra que são considerados cheios de energia, movimento e ação.

Ao reunir e calcular todos os dados, o resultado do presente estudo pode ser visto em termos de perceção de caraterísticas positivas no que se refere à perceção de três factores: avaliação, potência e atividade. A maioria dos *Musahar* classificou-se a si própria como *"cooperante",* num total de 100%, o que é um termo avaliativo. Isto demonstra a seriedade com que se avaliam a si próprios em relação à sociedade. O nosso fenómeno social baseia-se na cooperação mútua. Este é um aspeto muito significativo da manutenção da relação social na prática social oriental, tal como citado em Crisp et al; (2006), Sedikides & Gregg (2002).

Depois, consideraram-se *"honestos"* com uma percentagem de 99,22%, o que também é um outro termo de avaliação. Embora isto seja bom para o bem-estar social, é uma grande questão nesta era dinâmica: como é possível manter um grau tão elevado de honestidade? Mas os *Musahar* perceberam-no. Isto significa que a honestidade é a sua obrigação na arena social a que pertencem. Não têm outra opção senão fazê-lo, porque a sua situação socioeconómica é muito baixa e a maioria deles tem de depender de outras pessoas para satisfazer as suas necessidades básicas em caso de emergência.

Outro traço positivo que os inquiridos percepcionaram neles foi a *"amabilidade"*, com 99,22%, e por isso também se avaliam a si próprios como seres sociais. Isto significa que, tal como Allport (1935) salientou que a atitude é normalmente afetada por uma série de factores, eles esperam que os outros também sejam bondosos. Porque, numa conversa informal, também aceitaram que têm de enfrentar uma série de pressões e torturas na sociedade como pessoas de casta baixa. Além disso, estes problemas foram revelados de forma diferente nos estudos de caso.

A última caraterística positiva que percepcionaram em grau elevado foi *"bom", com* 96,09%. Isto avalia-os através deste termo que têm muitos aspectos positivos, exceto os que foram levantados durante este estudo. Trata-se da sua natureza interior de bem-estar. Isto está muito próximo da opinião de Marcus (1977); que se um determinado aspeto do self é percebido como particularmente importante, se a pessoa pensa que é extrema nessa dimensão (alta ou baixa) (citado em Crisp at el; 2006).

No que diz respeito à perceção dos *Musahar* em relação a outras pessoas, a sua perceção em relação a dois outros grupos de castas também foi objeto de análise. Entre eles, os chamados grupos de castas altas do Tarai, os Yadav e os Das. Os inquiridos do presente estudo percepcionaram os Yadav como *"fortes"*, o primeiro grau mais elevado, com 100%. Este termo refere-se à potência do Yadav na perspetiva dos *Musahars.* Esta é a primeira caraterística positiva porque a maioria dos inquiridos respondeu com +3 (12,50%) em relação a outras caraterísticas. Isto indica a grande influência dos Yadav na sua sociedade, não só a nível físico, mas também a nível social e emocional. Significa que, embora os inquiridos considerassem os Yadav fortes, ao mesmo tempo consideravam-se igualmente fracos.

Do mesmo modo, os Musahar consideraram *a "felicidade"* dos Yadav como um traço avaliativo positivo, com 100%, sendo que apenas 5,47% das respostas se situam em +3 (muito próximo do traço) como o segundo traço mais elevado. Este facto demonstra a prosperidade dos Yadavs aos olhos dos *Musahars.* A maior parte deles considera que são superiores aos outros membros da sociedade. Outra caraterística positiva percebida em relação aos Yadav foi a *"limpeza"*, com 100% no total, enquanto apenas 3,91% dos inquiridos responderam com +3. Este facto demonstra a sua consciência da superioridade física e social. O último traço positivo mais elevado registado em relação aos Yadav foi *"saudável"*. Esta caraterística também registou 100% de respostas positivas, mas apenas 0,78% em +3, em +2 (41,41%) e em +1 (57,81%). Isto significa que os *Musahars* concordam em aceitar o facto de os Yadavs serem saudáveis, mas a maioria deles demonstrou pouco interesse em aceitá-lo.

A fim de mostrar a perceção em relação a Das, os inquiridos apresentaram algumas caraterísticas positivas como resposta a Das. Os inquiridos mostraram as suas respostas em relação a Das como um traço positivo *"rápido"* com 100%, tendo +1 (17,19%), +2 (65,63%) e +3 (17,19%). Isto mostra a potência de Das aos olhos dos *Musahar*. Indica que as pessoas do grupo de casta Das são muito sinceras nos seus deveres ou tarefas, em comparação com os Yadav e os *Musahar*.

Outra caraterística positiva em relação às pessoas Das foi *"ativa"*, com 100% das respostas. Entre eles, a resposta encontra-se em +1 (32,03%), em +2 (59,38%) e em +3 (8,59%). Esta caraterística também mostra a sua potência em comparação com Yadav e *Musahar*. Isto indica que *Musahar* considera as pessoas Das muito activas. Como se sabe, as pessoas Das são empresários, pelo que costumavam ser muito trabalhadoras.

Da mesma forma, a próxima caraterística positiva indicada pelos inquiridos em relação ao Das foi *"grande"*, com 100% de respostas com +1 (27,34%), +2 (67,19%) e +3 (5,47%). Isto também diz respeito à potência do Das. Este facto expressa o papel social e a posição do povo Das na sociedade a que o povo *Musahar* também pertence. Indica também a forma como as pessoas da casta *Musahar* aceitam as pessoas de outras castas e onde se mantêm na mesma fronteira social.

Da mesma forma, uma outra caraterística positiva das Das percebida pelos inquiridos *(Musahar)* foi a *"saúde"*, que também teve 100% das respostas, mas de forma diferente, ou seja, +1 (57,81%), +2 (41,41%) e +3 (0,78%). Isto também mostra a potência das pessoas Das e, por isso, elas tornaram-se capazes de manter a sua saúde de forma adequada. Isto indica que as pessoas *Musahar* vêem as pessoas Das manterem-se actualizadas a nível físico e social.

Perceção das caraterísticas negativas de *Musahar*, Yadav e Das (n=128)

Tabela -5

Perceção de si próprio *(Musahar)*		**Perceção de Yadav**		**Perceção de Das**	
Pequeno (p)	95.31%	Lento (a)	32.03%	Cruel(e)	20.31%
Triste (e)	89.84%	Cruel (c)	25.00%	Desonesto(a)	10.94%
Lento (a)	81.25%	Passivo (a)	18.75%	Injusto (e)	5.47%
Fraco (p)	55.47%	Não cooperativo (e)	7.81%	Não cooperativo (e)	5.47%

Nota: "E" para avaliação, "P" para potência e "A" para atividade.

- A potência reflecte os tipos de letra que são vistos como tendo força, poder ou vigor.
- Avaliativo reflecte os tipos de letra que são vistos como tendo valor, valia e importância.
- Activity reflecte os tipos de letra que são considerados cheios de energia, movimento e ação.

Na escala de diferenciação semântica, os inquiridos apresentaram um número de respostas significativas. No que se refere a lidar com esses traços negativos, o estudo expressa a perceção negativa dos *Musahar* relativamente a si próprios e o seu estereótipo negativo relativamente aos outros (Yadav e Das). O quadro 8 mostra que os Musahar se consideram *"pequenos"*, em primeiro lugar, com 95,31% como a sua potência. Isto indica o seu espaço na sociedade. Através desta expressão, os inquiridos mostram o seu nível social em comparação com outras pessoas ou castas da sociedade.

Do mesmo modo, *a "tristeza"* foi a segunda perceção negativa em relação a si próprio, com 89,84% de respostas como traço avaliativo. Isto significa que as pessoas *da casta Musahar* se consideram inferiores e um grupo dominado na sociedade. E isso deve-se ao facto de as pessoas da casta *Musahar* serem muito tristes enquanto seres sociais. Outra perceção negativa que o inquirido teve foi a de *"lentidão"*, na terceira posição, com 81,25% de respostas. Esta perceção está relacionada com a atividade entre os três factores de análise. Através deste fator, explicam a sua ativação física e o seu papel de participação social na sociedade. A quarta caraterística que percepcionaram entre si como uma perceção de caraterística negativa foi *"fraco"* como potência, com 55,47% do total de respostas. Isto indica que a forma como percepcionam a sua força interior em comparação com outros grupos de castas na sociedade.

O quadro mostra alguns estereótipos negativos significativos em relação aos Yadav, que foram percepcionados pelos inquiridos durante o estudo. De entre as 17 caraterísticas negativas, apenas foram obtidas quatro respostas mais frequentes. A primeira e mais significativa caraterística apontada pelos inquiridos foi *"lento"* (32,03%) como estereótipo negativo. Pertence a uma atividade que indica que, aos olhos do inquirido, os Yadav são menos activos nas actividades sociais do que os outros grupos de castas e, em termos de relações sociais, também parecem pouco ignorantes em comparação com outros grupos de castas.

Ao mesmo tempo, o segundo traço negativo significativo percepcionado pelos inquiridos foi *"cruel"* (25,00%) como traço avaliativo. Este facto indica o valor social dos Yadav. Parte-se geralmente do princípio de que as pessoas das castas Yadav são economicamente sólidas, a maioria da população é também elevada e, por isso, a sua influência em quase todos os sectores pode ser vista de forma muito transparente. Nesta situação, talvez devido à prática social e cultural, a discriminação de castas prevalece de forma bastante rígida. Mas, mesmo assim, 75% dos inquiridos não aceitam que os Yadav sejam cruéis. Esta é uma indicação notável da perceção dos *Musahar* em relação aos Yadav.

Outra caraterística importante apontada pelos inquiridos foi a *"passividade"* (18,75%) como perceção negativa em relação aos Yadav, o que mostra o aspeto de atividade do Yadav como ser social. Na opinião dos *Musahar*, os Yadav não trabalham arduamente. Na maioria dos casos, estão dispostos a obrigar os outros a trabalhar no seu campo ou noutros sectores. O quarto traço mais elevado da perceção negativa em relação aos Yadav foi a *"não-cooperação"* (7,81%) como aspeto avaliativo dos mesmos. Isto mostra que, de acordo com os *Musahar*, foram muito poucos os inquiridos que levantaram a voz em relação à não-cooperação. Isto significa que *os Musahars* aceitam ser cooperantes com os Yadav.

A tabela também mostra a perceção negativa dos inquiridos em relação a Das. No que diz respeito ao estereótipo negativo do Das, o fator de avaliação foi *"cruel"* (20,31%).

Isto mostra, em certa medida, a natureza do Das, mas a maioria dos inquiridos respondeu de forma oposta à crueldade. O outro traço estereotipado negativo em relação a Das foi *"desonesto"* (10,94%), mais uma vez como traço avaliativo. Também neste caso, apenas alguns inquiridos responderam que as pessoas de Das são desonestas. Mas a maioria dos inquiridos respondeu a favor das Das.

O terceiro e quarto traço negativo notório em relação aos Das foi *"injusto"* (5,47%) como avaliação, o que indica que algumas pessoas da casta Das são injustas para com os *Musahar*. Isto pode dever-se ao facto de as pessoas da casta Musahar serem Dalit, e na nossa sociedade nepalesa as pessoas Dalit ainda não são consideradas, pelo menos, como seres humanos. Assim, os inquiridos consideraram os povos Das injustos. No entanto, a maioria dos inquiridos manifestou a sua intenção de que o povo Das é justo (94,53%) para com os *Musahar*.

O último estereótipo negativo significativo dos Musahar em relação aos Das foi *"não cooperante"* (5,47%), que é inferior ao dos Yadav. Este é também um traço avaliativo, através do qual se revela o valor social dos Das. Isto significa que as pessoas de Das parecem menos leais ao inquirido. Isto mostra o nível de relação social entre os dois grupos de castas, tanto em termos de Dalit como de grupo de castas não Dalit. Mesmo a maioria dos inquiridos não demonstrou qualquer esforço para negar que as pessoas de Das não são cooperantes. Esta é uma das questões mais notórias que têm prevalecido na prática do povo Musahar como participante social.

Os Musahars consideram-se honestos, amáveis, bons e cooperantes, mas são pequenos (baixos), tristes, lentos e fracos. A sua perceção é mais avaliadora do que a sua avaliação de outras castas elevadas. A sua perceção da casta alta centrava-se mais na potência (Yadav e Das), mas a nível avaliativo, a perceção *Musahar* da casta alta inclui crueldade, desonestidade, injustiça e falta de cooperação. Estas percepções são largamente orientadas pela forma como *os Musahar* são percepcionados e tratados pela casta superior. Assim, os dados sustentam que a casta determina a hierarquia da organização social e as identidades sociais não dominantes são fundamentais para a desumanização e a privação de indivíduos e grupos sociais (Jose, 2013; Jose & Sabu, 2013).

4. Preferência social dos Musahar em relação aos seus próprios grupos e aos grupos de outras castas

Distância social em relação a si próprio e aos outros

A escala de distância social (uma versão modificada de Kuppuswami) foi aplicada para avaliar o grau de intimidade social com o próprio e com outras castas da mesma sociedade. Os itens incluídos eram capazes de medir a intimidade a nível pessoal, familiar e social. No total, foram incluídas 6 afirmações.

A perceção da distância social também revelou a conveniência de um grupo em relação a outro em termos de relações intergrupais. O resultado da escala de distância social indicou a existência de preconceitos, especialmente nos casos em que os grupos se situam, pelo menos, no mesmo contexto fisiográfico ou regional. Neste estudo, apenas a população *Musahar* foi considerada como inquirida. Assim, todos estes resultados baseiam-se na sua perceção.

Quadro - 6: Percentagem de Musahar e pontuação média da distância social em relação a si próprio, Yadav e Das.

Declarações de elevado nível de distância social

	Musaharcom Musahar		Musahar com Yadav		Musahar com Das	
	f	m(%)	*f*	m(%)	*f*	m(%)
Ao parentesco por casamento	128	100.0	0	0.00	0	0.00
Para levar comida para a sala de jantar	128	100.0	1	0.8	1	0.8
Como um amigo pessoal inato	128	100.0	123	96.1	123	96.1
Como o seu Bairro com	128	100.0	113	88.3	113	88.3
Como hóspede em sua casa	128	100.0	18	14.1	17	13.3
Como um conhecido	128	100.0	122	95.3	122	95.3

Fonte: Inquérito de campo; 2014, N=128

Nota: Uma percentagem elevada representa um baixo nível de distância social

A Tabela 6 apresenta os dados sobre a intimidade social e a sua perceção em relação às práticas culturais e sociais prevalecentes. Para o efeito, foi utilizada a escala da distância social de Bogardus. De acordo com os resultados, parece haver uma imagem muito clara da relação social na sociedade entre *Musahar* (um grupo de casta baixa/Dalit do Tarai), Yadavs (um grupo de casta alta no Tarai), Das (um grupo semelhante aos Yadavs, mas de outra casta) e as castas semelhantes da área de estudo. Neste resultado, apenas é apresentada a opinião dos *Musahar* e a sua perceção em relação aos Yadav e Das. As seis afirmações que foram reunidas na escala são: ter uma relação conjugal mútua, partilhar a cozinha (comer juntos na cozinha), construir uma amizade estreita, manter uma vizinhança, respeitar como hóspede e aceitar como colegas.

Os dados foram recolhidos sob a forma de aceitação ou não aceitação das afirmações dadas. Após a organização de todos os dados, como se pode ver no quadro, os Musahars mostraram que a sua aceitação do casamento com os Musahar era de 100%, mas com os Yadav e Das 100% não era aceite. Do mesmo modo, na questão da partilha da cozinha ou de comerem juntos na cozinha, 100% dos *Musahars* pareciam aceitar o casamento com os *Musahar*, mas apenas 0,8% dos Musahars mostraram a sua aceitação com os Yadav e Das, enquanto 99,2% dos inquiridos mostraram não aceitar esta questão. Do mesmo modo, na questão da construção de uma amizade íntima, 100% dos *Musahar* aceitaram a amizade com os *Musahar*, mas apenas 3,9% dos inquiridos aceitaram a amizade com os Yadav e Das, enquanto 96,1% dos inquiridos não aceitaram a amizade íntima com eles. Outro aspeto social, a manutenção da vizinhança, é aceite a 100% pelos *Musahar*, mas 88,3% dos inquiridos aceitam que os *Musahar* e os Yadav e Das sejam aceites, respetivamente, como vizinhos, enquanto 11,7% dos inquiridos não aceitam que o sejam. O outro aspeto social, o respeito como hóspede, é obviamente aceite a 100% pelos *Musahar*, mas, aos olhos dos inquiridos, apenas 14,1% deles com Yadav e 13,3% com Das são aceites, sendo que 85,9% dos inquiridos com

Yadav e 86,7% com Das mostraram que não nos aceitavam como hóspedes em sua casa. Uma outra questão é a aceitação como colegas e companheiros de trabalho: 100% dos inquiridos são aceites com os *Musahar*, 95,3% com os Yadav e 95,3% com os Das, mas 4,7% dos inquiridos não são aceites como colegas próximos dos Yadav e Das.

O tabu religioso-cultural da mistura entre castas altas e baixas é igualmente aplicável a ambos os grupos. A casta alta precisa de um banho de purificação se for tocada por intocáveis ou não pode entrar na sua própria casa. Este tabu mantém, direta e indiretamente, a distância social entre a casta alta e a casta baixa. Uma vez que *os Musahar* também são hindus e vivem na mesma comunidade, é raro registarem-se conflitos sociais devido à prática do sagrado e da profanação. Tal como Peter Berger e Thomas Luckman (1966, p.52) consideraram que a estratificação social é socialmente construída, do mesmo modo, o conflito social acentua a discriminação, tal como este informador narra o incidente da entrada de um dalit num templo:

Também rezamos, adoramos e seguimos o sistema mencionado pela estrutura cultural hindu. Mas estamos estritamente proibidos de entrar no templo para o venerar. Um dia, um dos meus tios entrou no templo do Deus da aldeia, chamado Dihabar Baba, apenas para adorar e oferecer o Laddu (doce) na ausência do sacerdote, porque tinha de ir trabalhar e ganhar o dia. Pensaram que, se nos desculpássemos, o crime voltaria a repetir-se no futuro. Por isso, chamaram-no e castigaram-no a pagar todas as despesas das pessoas, talvez do sacerdote do templo, para tornar o templo puro. No processo de purificação do templo, o sacerdote tinha de ir tomar banho de azevinho no rio Ganga e, depois de trazer a água do azevinho do Ganga e de a aspergir por todo o templo, tornaram-no novamente puro. Desta forma, as pessoas do grupo das castas altas dominam-nos na nossa sociedade".

Assim, de acordo com os dados, a distância social existe como um nível cognitivo e o estudo de caso indica que essa distância social é mantida pelos grupos de castas elevadas sob a forma de discriminação social, acusação, humilhação e penalização económica. A perceção de *Musahar* em relação a Yadav e Das deve ser o reflexo simbólico do preconceito e da discriminação vividos por *Musahar*. Assim, parece muito próxima da opinião de Bryne et al. (2008); o auto-conceito de um indivíduo fá-lo tomar consciência da sua pertença.

Quadro -7: Percentagem média de Musahar nas três dimensões da distância social de Self, Yadav e Das

Recetor	Musahar para Musahar		Musahar para Yadav		Musahar para Das	
	Aceite	Não aceite	Aceite	Não aceite	Aceite	Não aceite
Pessoal						
Comer juntos	100.0	0.0	0.8	99.2	0.8	99.2
Edifíciofechar amizade	100.0	0.0	96.1	3.9	96.1	3.9
Média (%)	***100.0***	***0.0***	***48.4***	***51.6***	***48.4***	***51.6***
Familiar						

Relação conjugal	100.0	0.0	0.00	100.0	0.00	100.0
Média (%)	***100.0***	***0.0***	***0.0***	***100.0***	***0.0***	***100.0***
Social						
Bairro	100.0	0.0	88.3	11.7	88.3	11.7
Respeito como hóspede	100.0	0.0	14.1	85.9	13.3	86.7
Aceitar como colega	100.0	0.0	95.3	4.7	95.3	4.7
Média (%)	***100.0***	***0.0***	***65.9***	***34.1***	***65.6***	***34.4***

Fonte: Inquérito de campo, 2014

Para apresentar as conclusões dos dados recolhidos no quadro 7, a distância social pode ser estudada em três dimensões da distância social. São elas a pessoal, a familiar e a social. Como o total dos inquiridos respondeu à escala de distância social modificada de Bogardus, 100% dos Musahar mostraram a sua relação *pessoal* com os Musahar em média, mas nenhuma resposta foi considerada desagradável para os Musahar. No entanto, no caso de outras castas como Yadav e Das, a perceção foi diferente. Do total de inquiridos, 48,4% apenas aceitaram ter uma relação pessoal com os Yadav e os Das, mas 51,6% dos inquiridos não aceitaram ter uma relação pessoal com eles.

No que se refere ao aspeto *familiar*, do total de inquiridos, 100% responderam que tinham uma relação familiar com os Musahar, mas nenhum dos inquiridos o negou. Por outro lado, nenhum dos inquiridos aceitou ter qualquer relação familiar com os Yadav e Das. 100% dos inquiridos não aceitaram a sua relação familiar com eles.

No caso do aspeto *social*, 100% do total dos inquiridos aceitaram a sua relação social com os Musahar, apenas 65,9% dos inquiridos aceitaram a sua relação social com o chamado grupo de casta alta Yadav, mas 34,1% dos inquiridos não aceitaram a sua relação com os Yadav. Do mesmo modo, 65,6% dos inquiridos aceitaram a sua relação social com os Das e 34,4% dos inquiridos não aceitaram a sua relação social com eles. Assim, os dados globais mostram que a intimidade pessoal dos Musahar com os Yadav e os Das está presente, mas mais de metade dos inquiridos negou a existência de intimidade pessoal com os Yadav e os Das. Em termos de intimidade familiar, esta está significativamente desligada. No que respeita à intimidade social, a maioria dos inquiridos do outro grupo de castas parece aceitar, mas continua a existir alguma distância.

A divisão de castas e a inferioridade e superioridade das castas nem sempre afectaram o nível pessoal e familiar, mas também as actividades a nível comunitário. Mesmo como membro da comunidade, o intercâmbio social é quase difícil entre a casta alta e a casta baixa, a não ser que haja uma restrição religiosa e cultural rigorosa. Um informador relata a dificuldade de convidar a comunidade de casta alta para cerimónias religiosas públicas. O convite religioso não é rejeitado, uma vez que a rejeição é considerada um insulto ao deus, mas o fosso entre a casta alta e a casta baixa hindu dificulta a aceitação da comida da casta baixa:

"Para a gestão do bhoj, temos de contratar ou pedir ajuda a uma casa de casta elevada que possa cozinhar e servir o grupo de casta elevada como Brahmin, Yadav, Das, Kayastha, etc. Só então, os grupos de casta elevada aceitam participar no nosso bhoj, caso contrário, nunca vêm comer o nosso bhoj em nossa casa. E, desta forma, mantemos a nossa relação social com os chamados grupos de casta elevada na nossa sociedade".

Através do estudo de casos, foi analisado o quadro de discriminação social em relação ao povo *Musahar*. No total, foram efectuados 5 estudos de caso. Durante o período de recolha de dados e no terreno, o investigador escolheu muito sinceramente alguns casos típicos que ajudam a apoiar o objetivo e tornam o trabalho de investigação válido.

Os objectivos do presente estudo consistiam em explorar e examinar a perceção dos Musahar em relação a si próprios e aos grupos de castas altas hindus, nomeadamente Yadav e Das, bem como a sua perceção das preferências sociais. O tema foi abordado tendo em conta o facto de o preconceito de casta e a discriminação com ele relacionada serem generalizados no Nepal, especialmente na região de Tarai. Uma vez que os Musahar representam identidades sociais não dominantes, são o centro da desumanização e da privação dos indivíduos e dos grupos sociais, o que se tornou evidente quando se percepcionaram a si próprios e a outros grupos, em especial no que se refere à informação qualitativa. Estes dados apoiam algumas das evidências de Jose, 2013; Jose & Sabu, 2013. O resultado do teste das vinte afirmações e a perceção de si próprio e dos outros também estão de acordo com Jose (2013); Kumar e Varghese (2013), segundo os quais a formação da identidade de Musahar é influenciada pelo ambiente sociocultural caracterizado pela casta, pelo que a perceção de si próprio é mais propensa a ser inferior, negativa e não dominante. A interação quotidiana a nível social e cultural, que se reflectiu nos estudos de caso, indicou o desenvolvimento de caraterísticas psicológicas que impedem os Musahar de fazerem valer os seus direitos e de se manifestarem contra a discriminação social praticada pela casta superior.

Verificou-se que os Musahar desenvolvem o seu "eu" em grande medida orientados pelo papel social de "intocável" e não por caraterísticas pessoais. A perceção da identidade social foi menos positiva do que a de Yadav e Das. As relações sociais e as preferências foram consideradas muito limitadas ao seu próprio grupo, o que parece ter sido influenciado pela construção do seu "eu", pelo desenvolvimento da sua identidade e pela interação com outros grupos de castas elevadas.

Narração de eventos (estudos de caso) e observação

Durante a recolha de dados, foram encontrados casos muito típicos e sensíveis, que foram selecionados para apoiar e manter a qualidade da presente investigação. Todos os casos recolhidos reflectem a imagem real da sociedade e as práticas discriminatórias e estereotipadas regulares entre os grupos Musahar e não Musahar no seio da sociedade em que se inserem.

Estudo de caso -1

"O meu nome é Jilebi sada. Tenho 56 anos de idade. Sou de VDC - Basabalpur, Saptari. Como a minha casa fica muito perto da escola, o meu pai pediu-me para ir à escola. Eu também estava muito entusiasmado por ir para a escola como as outras crianças da aldeia. A nossa aldeia está cheia de grupos de várias castas. A comunidade Tharu é maioritária, seguida de Yadav, Sahu (teli), Khatbe, Chamar, Musahar, etc. A minha escola estava a funcionar muito bem. Costumávamos usar pati (um pequeno pedaço de lasca de madeira de cor preta) em vez de copiar para escrever e aprender alguma coisa. Quando eu estava no terceiro ano, toda a minha turma recebeu um trabalho de casa para o dia seguinte. Como tinha de tomar conta das minhas gatas (Gai mal; a vaca e o seu bebé) em casa, não consegui prepará-la. No dia seguinte, quando cheguei à minha sala de aula, toda a gente estava a mostrar o seu trabalho. Eu estava sentada no canto da sala de aula. O nosso professor chamou-me e pediu-me o trabalho. Pedi desculpa por não ter feito a minha tarefa. Mas o meu professor não ouviu nenhuma das minhas palavras e começou a bater-me brutalmente com a festa e a repreender-me, dizendo: "Ta Musahar, gaun ma kaam nagarera yaha hakim banna aaeko? Tan padhera ke garchhas? Nokari(bounded labor) garis bhane kehi dhaan kamauna sakchhas, pariwarlai pani sahayog hola. Ta padhna sakdainas. (Vocês, Musahar, ao saírem para trabalhar na aldeia, vêm para aqui para serem oficiais? O que é que fazem depois de estudarem? Não podes estudar. Vão trabalhar como mão de obra limitada, que também sustenta a vossa família)". Depois desse dia, nunca mais fui à minha escola como estudante. Atualmente, a situação também não é muito diferente, devido a diferentes comportamentos discriminatórios e pensamentos estereotipados. Embora a rigidez pareça ter mudado um pouco a nível político, a sua implementação continua a ser um grande desafio na arena social."

Neste caso, foram levantadas algumas questões muito sensíveis. Na conversa com o professor, foi manifestado um *preconceito* muito claro em relação aos Dalit ou Musahar, segundo o qual estes não precisam de educação, tal como Allport (1954) sugeriu as cinco fases do preconceito na psicologia social.

Estudo de caso -2

O caso é o de um Bhoj (banquete) normalmente organizado em qualquer ocasião na casa de um grupo de alta casta;

"Quando um bhoj se organiza na casa de um grupo de casta superior, somos convidados. Mas, na altura de participarmos, não nos deixam sentar com eles ao mesmo tempo e no mesmo lugar. Pedem-nos para esperar até que o grupo da casta superior ainda não tenha terminado a sua refeição. Depois disso, somos obrigados a sentar-nos num determinado lugar onde nenhuma pessoa de uma casta superior aceite sentar-se. Isto significa alguns lugares sujos ou lugares que não estão arrumados e limpos como o lugar feito para os outros. Depois, servem-nos os alimentos e todos os alimentos que foram levados para nós, todos eles são usados para nós, mas não os levam de volta para casa se os alimentos levados se tornarem resto. Podem dar-nos para levarmos para casa ou para darmos a um animal. Porque, pensam eles, quando esses alimentos entram em contacto connosco, tornam-se impuros ou poluídos religiosa e socialmente. E, desta forma, eles (o grupo de casta superior) mantêm a distância connosco."

Neste caso, é possível observar uma questão de distância social mantida pelos grupos de castas elevadas. É muito difícil explicar a dor dos Dalits quando, ao mesmo tempo, duas pessoas diferentes se comportam de duas maneiras diferentes. E isto também quando vêm tomar uma refeição, mesmo depois de terem sido convidadas.

Estudo de caso -3

O caso é sobre o Bhoj (festa) organizado para o grupo de casta alta em qualquer ocasião do povo Musahar;

"Tal como as pessoas de outras castas ou de grupos de castas elevadas organizam o bhoj-bhater (festa) para nós, nós também pensamos moralmente que devemos organizar para eles em certas ocasiões, como o nascimento de uma criança, a cerimónia de casamento, alguma ocasião religiosa, etc. E, quando nós (Musahar) estivermos prontos para o fazer, temos de contribuir apenas com dinheiro para as despesas do material ou dos alimentos em fila. Mas não podemos dar qualquer material comestível da nossa casa. Para a gestão do bhoj, temos de ser herdeiros ou pedir ajuda a uma casa de casta elevada que possa cozinhar e servir os grupos de casta elevada como os brâmanes, os yadav, os Das, os kayastha, etc. Só então, os grupos de casta elevada aceitam participar no nosso bhoj, caso contrário, nunca vêm comer o nosso bhoj em nossa casa. E, desta forma, mantemos a nossa relação social com os chamados grupos de casta elevada na nossa sociedade".

É o caso dos Dalits (Musahar), que são obrigados a manter a distância social pelo grupo das castas altas da sociedade.

Estudo de caso -4

Entrar no templo é um crime para os muçulmanos.

"Pertencemos à religião hindu. Também rezamos, adoramos e seguimos o sistema mencionado pela estrutura cultural hindu. Mas estamos estritamente proibidos de entrar no templo para prestar culto. Um dia, um membro da minha casta (tio) entrou no templo do Deus da aldeia chamado Dihabar Baba, apenas para adorar e oferecer o Laddu (doce) na ausência do sacerdote, porque tinha de ir trabalhar e ganhar o dia. Pensaram que, se nos desculpássemos, o crime voltaria a repetir-se no futuro. Por isso, chamaram-no e castigaram-no a pagar todas as despesas das pessoas, talvez do sacerdote do templo, para tornar o templo puro. No processo de purificação do templo, o sacerdote tinha de ir tomar banho de azevinho no rio Ganga e, depois de trazer a água do azevinho do Ganga e de a aspergir por todo o templo, tornaram-no novamente puro. Desta forma, as pessoas do grupo das castas altas dominam-nos na nossa sociedade".

Este é um caso de discriminação que está profundamente enraizado na nossa sociedade e que, de tempos a tempos, é levantado como uma questão candente a nível político. Embora a Constituição tenha estabelecido diferentes regras e regulamentos para evitar estas práticas e tenha também concedido o direito ao secularismo, as práticas sociais e culturais continuam a considerar estas actividades como um crime para o povo Dalit.

Estudo de caso -5

Tomar uma refeição na folha de bananeira (simbolicamente) -

"Sou uma das pessoas da classe trabalhadora. Basicamente, não tenho nada que me possa ajudar a viver sem recorrer à ajuda de outros ou sem trabalhar. Por isso, ando sempre de um lado para o outro à procura de trabalho como salário diário. Como não tenho formação, não posso fazer um trabalho de alto nível. Eu só faço o trabalho no campo de cultivo, vegetais, trabalho de tijolo, etc., especialmente o trabalho fora de casa como um trabalhador, porque não nos é permitido entrar na casa do grupo de casta alta. Assim, se eu for trabalhar na casa de grupos de casta alta, sinto-me muito desconfortável. Um dia, eu estava a trabalhar no campo de um Yadav. Na altura do jantar, perguntaram-me se eu tinha trazido o meu próprio prato ou não. É que eles não nos deixam comer no seu próprio prato. Por isso, pediram-me para trazer a folha de bananeira e, nela, tive de comer. Isto fez-me pensar: "Quem sou eu?

É o caso do estereótipo. Este caso é apoiado de forma muito prática, tal como Stratton e Nicky Hayes (1991) afirmam: o estereótipo é um fator cognitivo de um indivíduo que dá origem a preconceitos que podem ser baseados na cor, em traços específicos ou em qualquer outra coisa.

Todos estes casos mostram como o bem-estar social do povo Musahar é afetado. Estes casos tocaram profundamente o investigador. Os participantes envolvidos nestes casos foram encontrados com uma autoestima muito baixa e bastante insatisfeitos com a sua qualidade de vida. Embora pudessem fazer muito para melhorar a sua qualidade de vida com o seu próprio entusiasmo, o estigma social e as fronteiras culturais impediram-nos de o fazer. Consequentemente, continuam a ser obrigados a ser Musahar, um grupo de casta intocável.

Relatório de observação

Cenário físico dos Musahar's na zona de estudo

O povo Musahar está incluído no grupo dos Dalit e das castas baixas do Tarai nos grupos de castas nepaleses (CBS-2011). Encontram-se essencialmente na zona agrícola dos distritos de Tarai. Os Musahars preferem manter um padrão coletivo de família. Parecem estar num grupo a maior parte do tempo. Na sua maioria, os membros masculinos da família são os geradores económicos, mas, devido à pobreza, as mulheres também trabalham na agricultura ou são assalariadas. Parecem ainda muito inconscientes da importância da educação, das práticas de saúde, do saneamento, da defecação, etc. A maior parte das suas crianças brincam em casa, em vez de irem à escola. As crianças de Musahar parecem estar a brincar em terrenos arenosos ou lamacentos e todo o seu corpo é esfregado com terra ou lama. Em geral, nunca se preocupam com o asseio e a limpeza do corpo e do vestuário. A maioria das pessoas Musahar bebe à noite, como revelou uma delas (inquirida). No entanto, alguns deles parecem ser muito inteligentes e sérios relativamente ao seu futuro. Parecem muito activas no sentido de melhorarem a sua vida.

Agregado familiar Assentamento de Musahar na aldeia a que pertencem -

Musahar é um grupo de castas específico da cultura Tarai e Madheshi. Na sociedade de Madhesi, são incluídos no grupo de castas baixas e Dalit e classificados como grupo de castas intocáveis. Em todos os CDV ou aldeias, é possível observar que os grupos de casta alta (todos os outros) construíram a sua casa na parte da frente, onde as instalações físicas como a eletricidade, a estrada, a água potável, a escola, o posto de saúde, etc. estão facilmente disponíveis e os grupos de casta dalit estão instalados na parte de trás da aldeia, onde não é necessário recorrer a todas essas instalações físicas. Isto significa que os Musahars parecem instalar-se muito atrás ou um pouco afastados

dos aldeões comuns, o que se designa por Musahari (Musahar Tola). Isso também se deve ao facto de, normalmente, não possuírem terras próprias e serem obrigados a permanecer em Ailani (terras governamentais). Esta imagem pode ser vista em todo o lado nas aldeias de Musahars.

As infra-estruturas das suas casas são muito pequenas e bonitas. Construíram a sua casa com lama e palha. Basicamente, usaram na sua casa bambu ou madeira como pilar, cobriram-na com palha, barraram-na com pedaços de bambu e erva e rebocaram-na com lama de cores diferentes. Também fizeram diferentes figuras culturais nas paredes das suas casas. Normalmente, o desenho das suas casas está virado para o interior. Há, no mínimo, duas casas por família. Uma fica da frente para as traseiras e, depois de um intervalo, a outra fica da frente para as traseiras, mas entre as duas casas há um intervalo chamado Aangan (pátio). Antes de entrar na casa, tem de se passar primeiro pelo Aagan e só depois se pode entrar na casa. O caminho de entrada do aangan (como pátio) é mantido mesmo ao lado da casa, como uma pequena rua.

CONCLUSÃO

Com base numa perspetiva psicológica sociocultural, o estudo explorou o aspeto cognitivo da relação social e da identidade construída do povo Musahar. Os Mushahars acreditam no casamento tradicional e a maioria deles prefere manter-se no seio de uma família conjunta. A maioria dos Mushahars tinha menos instrução ou era analfabeta, o que constitui um aspeto muito sensível na sua independência socioeconómica e na sua integração social com outros grupos de castas.

Os Musahar pareciam estar muito conscientes do seu "eu". Este "eu" individual construído é influenciado pelo "eu" social, concebido através do sistema de castas. A maioria dos Musahar considera-se alta, magra, de cor negra, com cabelo comprido e vestindo trajes tradicionais. Acreditam que são laboriosos, bondosos, prestáveis e que nunca enganam os outros. Tanto a estrutura física como o fator de avaliação são muito positivos. Os Musahars consideram-se honestos, amáveis, bons e cooperantes, mas são pequenos (baixos), tristes, lentos e fracos. A sua perceção é mais crítica em comparação com a avaliação que fazem de outras castas elevadas. Estas percepções são em grande parte guiadas pela forma como os Musahar são vistos e tratados pela casta alta.

No que diz respeito à relação social e à preferência, a distância social existe como um nível cognitivo e o estudo de caso indica que essa distância social é mantida pelos grupos de casta elevada sob a forma de preconceito de casta e que é reforçada por uma perceção estereotipada. Além disso, os cinco estudos de caso também reflectem o cenário claro da relação social.

Assim, a identidade e a relação social do povo Musahar podem ser concluídas da seguinte forma: socialmente, os Mushahars ainda se encontram numa situação muito patética. Existem várias condições prevalecentes na comunidade que obrigam o povo Musahar a alienar-se dos outros grupos de castas. Os preconceitos, a discriminação e os pensamentos estereotipados prevalecentes obrigam-nos a manter uma relação social separada com os outros grupos de castas. Os Musahars são socioculturalmente dominados por grupos de castas superiores, o que os levou a isolarem-se socialmente dos grupos de castas superiores.

REFERÊNCIAS

Acharya, P. (2010). *Ethnicity and Prejudice in Nepal,* An Unpublished Review of Literature submitted to Dean, Faculty of Humanities and Social Sciences, Tribhuvan University as a part of PhD research, Tribhuvan University, Kathmandu, Nepal

Ahuti, V.S. (2060). *Hindu Samajma Dalit Jatiya Mukika Prashna,* Kathmandu. Atmnirvar Bikas Manch.

Aypay, A., Aypay, A. (2011). *Twenty Statement Test in Teacher Development*, Tirkish Online Journal of Qualitative Inquiry, outubro de 2011, 2(4).

Baron, R. A., Byrne, D., Branscombe, N. R. (2007). *Social Psychology,* publicado por Dorling Kindersley (India) Pvt. Ltd., licenciado pela Pearson Education no Sul da Ásia.

Berger, P. L., Luckmann, T. (1967). *The Social Construction of Reality; a Treatise in the Sociology of Knowledge.* Nova Iorque, Anchor Books.

Bhargava, R. (2004). *Inclusion and exclusion in South Asia: The Role of Religion,* Occasional Paper for Human Development Report Office, UNDP.

Bhattachan, K. B., Tamrakar,T., Kisan, Y. B., Bagchand, R. B., Sunar, P., Paswan, S., Pathak, B. e Sonal, C.(2004). *Stream: Strategy for Influencing Policy and Institutions.* Kathmandu, Dalit Employment and Inclusion Project.

Bhattachan, K. B., Hemcheri, K., Gurung, Y.B., Bishwokarma, C.M. (2002). *Existing Practices of Caste-Based Untochability in Nepal and strategy for a Campaing for is Elimination (Relatório Final).* Kathmandu Action Aid.

Bishwakarma, P., Bramandad, V.S. (2060). *Dalit Ra Arkehan Dharan.* Ratnamay Dalit Sahitya Samrakshan Samiti.

Burns & Grove (2003:195). *Definir* uma *conceção de investigação* como "um plano para ... conceção como "o conjunto do investigador para responder à questão de investigação ou testar a.

CBS (2011). *Central Bureau of Statistics*, Governo do Nepal, Secretariado da Comissão Nacional de Planeamento.

Colman, A. M. (2006). *Oxford Dictionary of Psychology,* Oxford University Press, edição indiana.

Crisp-3485-Chapter-01.qxd 10/12/2006 8:44 PM Page 1. O Eu ... O Eu 3 Crisp-3485-Chapter-01.qxd 10/12/2006 8:44 PM Page 3. T E X T O B O X 1 . 1 ...Crisp at el; 2006).

Dahal, D. R., Acharya, B., Gurung, Y. B., Kamal, H. C. e Swarnakar, D. (2000). *National Dalit strategy Report, part J: Situation Analysis of Dalit in Nepal.* Kathmandu, Comissão Nacional de Planeamento.

EHRC (2010) *Ethnography and Human Right Commission, 2010.* Estudo etnográfico dos Dalit do Tarai no Nepal: 2006

Gergen, K. J. (1997). *Realities and Relationships: Sounding in Social Construction,* edição de bolso da Harverd University Press, 1997.

Giri, M. (2012). *Politico Economic Dimensions of Marginalization and the Arts of Resistance among the Musahars of East-Central Tarai Nepal.* Relatório final apresentado ao Fundo de Investigação para a Inclusão Social, SNV Nepal.

GSEA: *Relatório de Avaliação do Género e da Exclusão Social 2005, 2005* (Banco Mundial/ DFID)

Jha, H. B. (1998). *Tarai Dalits: A Case Study of Selected VDCs of Saptari District of Nepal.* Kathmandu: Action Aid Nepal.

Jose, J.P. & Maheshwari, V. (2012b). *Identity Representations and Social Exclusion of Women in India",* Lambert Academic Publishing: Alemanha.

Jose, J.P. & Sabu, K.U. (2013c). *Conceptualização do modelo psicossocial de exclusão social: Um debate preliminar. The Indian Journal of Social Work.* ID do manuscrito: IJSW/BX-1/13/02.

Jose, J.P. & Sultana, S.A. (2012a). *Construir uma perspetiva psicossocial sobre a experiência da deficiência: crianças, idosos, doentes mentais e prestadores de cuidados* pp 13-31

Jose, J.P. (2013). *Integração social e bem-estar psicológico das mulheres idosas na Índia: A comparative study of elder women at homes and in elder care facilities.* Sage Open Access Journal (Em revisão por pares).

Kisan, Y. B. (2009). *A Study of Dalits' Inclusion in Nepali State Governance" [Um Estudo sobre a Inclusão dos Dalits na Governação do Estado Nepalês].* In Identity and Society: Social Exclusion and Inclusion In Nepal. Kathmandu: Mandala Book Point.

Kumar, A. (2006). *Culture, Development and the Cultural Capital of Farce: The Musahar Community in Bihar (Cultura, Desenvolvimento e Capital Cultural da Farsa: A Comunidade Musahar em Bihar).* Economic and Political Weekly, Vol. 41, No. 40.Oct. 7-13, pp. 4281-4285.

Kumar, N. & Varghese, C.V. (2012a). *Human rights violations of Dalit children in schools of rural Tamilnadu: An analysis of parental narratives.* Em Meena, Alok Kumar (Eds.), Human Rights: Evolution, Implementation and Evaluation, Palm Leaf Publishers: New Delhi, p-137-145.

Langen,A.D.(2009)*uir.unisa.ac.za/bitstream/handle/10500/1796/04chapter3.pdf?sequence, "Research Methodology".*

Morgan, C. T., King, R. A., Weisz, J. R., Schopler, J (1993). *Introduction to Psychology,* Tata McGraw-Hill Edition 1993 (sétima edição).

Ore, Tracy E. (2000). *The Social Construction of Difference and in Equality; Race, Class Gender and Sexuality [A Construção Social da Diferença e da Igualdade; Raça, Classe, Género e Sexualidade*]. Califórnia, Mayfield Publication.

Osgood e outros (1957), *The Measurement of Meaning* Urbana.III. University of Illinois Press.

Saday, R. S (2011) *Transformation of Identity from Caste Community to Ethnic Group: A social inclusion agenda of Musahar in changing context of sociopolitical context of Nepal,* SNV, Nepal.

Autoconceito Capítulo de livro - Simplesmente Psicologia - Artigos para ...

Suleman, M(1999), *Modern Social Psychology,* Shukla Book Deepo, Patna-4

Tajfel, H. & Turner, J. C. (1986), *The Social Identity Theory of Intergroup Relations.*

Tamrakar, et al. (2002).Caste based prejudice and discrimination in Nepal: a survey report. Kathmandu, Dalit NGO Federation.

Tamrakar, et al. (2002).Caste based prejudice and discrimination in Nepal: a survey report.

Varghese, C.V. (2011b). *Socio-economic and cultural conditions of Dalit Christians: A case study of Chengalpattu and Trichy Taluks of Tamilnadu.* Tese de doutoramento apresentada à Universidade Jamia Millia Islamia: Nova Deli.

Varghese, C.V. (2012a). *A social exclusion perspective to the study of Dalit Christians in India",* In Varghese, C.V., (Eds.), Dalit and tribal life in India: Understanding Social Exclusion, Lambert Academic Publishers, 139-173.

www.simplypsychology.org/the%20self%20concept.pdf

Young, P. V. (1979), *Scientific Social surveys and Research,* Prentice-Hall. Nova Deli.

Apêndice 1

Quadro - 1

Musahar's Perceção positiva de si próprio e dos outros (yadav e Das)								
Musahar para Musahar								
	f				%			
	+1	+2	+3	**total**	+1	+2	+3	**Total**
Cooperativa(**e**)	20	92	16	**128**	15.63	71.88	12.50	**100.00**
Honesto(**a**)	30	73	24	**127**	23.44	57.03	18.75	**99.22**
Tipo(**e**)	29	86	12	**127**	22.66	67.19	9.38	**99.22**
Bom(**e**)	66	48	9	**123**	51.56	37.50	7.03	**96.09**
Musahar para Yadav								
	f				%			
	+1	+2	+3	**Total**	+1	+2	+3	**Total**
Forte(**p**)	34	78	16	**128**	26.56	60.94	12.50	**100.00**
Feliz(**e**)	47	74	7	**128**	36.72	57.81	5.47	**100.00**
Limpo(**e**)	44	79	5	**128**	34.38	61.72	3.91	**100.00**
Saudável(**p**)	74	53	1	**128**	57.81	41.41	0.78	**100.00**
Musahar para Das								
	f				%			
	+1	+2	+3	**Total**	+1	+2	+3	**Total**
Rápido(**p**)	22	84	22	**128**	17.19	65.63	17.19	**100.00**
Ativo(**p**)	41	76	11	**128**	32.03	59.38	8.59	**100.00**
Grande(**p**)	35	86	7	**128**	27.34	67.19	5.47	**100.00**
Saudável(**p**)	74	53	1	**128**	57.81	41.41	0.78	**100.00**

Nota: "**e**" para avaliação, "**p**" para potência e "**a**" para atividade, N=128.

Perceção negativa de si próprio e dos outros por parte dos Musahar (yadav e Das)

Perceção negativa de si próprio e dos outros por parte dos Musahar (yadav e Das)								
Musahar para Musahar								
	f				%			
	-3	**-2**	**-1**	**total**	**-3**	**-2**	**-1**	**Total**
Pequeno(**p**)	62	32	28	**122**	48.44	25.00	21.88	**95.31**
Triste(**e**)	33	44	38	**115**	25.78	34.38	29.69	**89.84**
Lento(**a**)	10	13	81	**104**	7.81	10.16	63.28	**81.25**
Fraco(**p**)	2	11	58	**71**	1.56	8.59	45.31	**55.47**
Musahar para Yadav								
	f				%			
	-3	**-2**	**-1**	**total**	**-3**	**-2**	**-1**	**Total**
Lento(**a**)	5	23	13	**41**	3.91	17.97	10.16	**32.03**
Cruel(**e**)	0	11	21	**32**	0.00	8.59	16.41	**25.00**
Passivo(**a**)	0	16	8	**24**	0.00	12.50	6.25	**18.75**
Não cooperativo(**e**)	0	2	8	**10**	0.00	1.56	6.25	**7.81**

Musahar para Das								
	f				%			
	-3	**-2**	**-1**	**total**	**-3**	**-2**	**-1**	**Total**
Cruel(e)	6	5	15	**26**	4.69	3.91	11.72	**20.31**
Desonesto(a)	1	3	10	**14**	0.78	2.34	7.81	**10.94**
Injusto(e)	0	0	7	**7**	0.00	0.00	5.47	**5.47**
Não cooperativo(e)	1	3	3	**7**	0.78	2.34	2.34	**5.47**

Nota: "**e**" para avaliação, "**p**" para potência e "**a**" para atividade, N=128.

Respostas do teste das vinte afirmações, N=128

Respostas do teste das vinte afirmações, N=128		
Respostas em	*f*	**Média %**
Papéis sociais	1440	56.25
Caraterísticas pessoais	696	27.19
Aspeto físico	227	8.87
Oceanic (resposta vaga)	197	7.70
Total	**2560**	**100**

Fonte: Inquérito de campo; 2014, N=128

Nota: as respostas prováveis num único fator = <1*20*N (128) = 2560>; sendo que 1 inquirido pode dar 20 respostas.

Teste das vinte afirmações no sexo feminino (N=29)

Teste das vinte afirmações no sexo feminino (N=29)		
Responde em:	*f*	média %
Papéis sociais	331	57.07
Caraterísticas pessoais	153	26.38
Aspeto físico	50	8.62
Oceânico	46	7.93
Total	**580**	**100**

Fonte: Inquérito de campo; 2014, N=29

Nota: as respostas prováveis num único fator = <1*20*N (29) = 580>; sendo que 1 inquirido pode dar 20 respostas.

Perceção de si próprio através do Twenty Statement Test (TST) entre homens

Teste das vinte afirmações em homens (N=99)		
Responde em:	*f*	**Média %**
Papéis sociais	1109	56.01
Caraterísticas pessoais	543	27.42
Aspeto físico	177	8.94
Oceânico	151	7.63
Total	1980	100

Fonte: Inquérito de campo; 2014, N=99

Nota: as respostas prováveis num único fator = <1*20*N (99) = 1980>; sendo que 1 inquirido pode dar 20 respostas.

Apêndice -2

Caro(a) Senhor(a),

As pessoas pensam e sentem de forma diferente em relação aos acontecimentos que tiveram lugar na sua vida. As pessoas reagem de forma diferente ou à sua maneira quando as emoções surgem devido a esses acontecimentos e agem dessa forma. Estamos a tentar saber em que pensa e como se sente nesse período.

Há muito poucos estudos de investigação realizados no contexto nepalês sobre a forma como as pessoas pensam e se sentem em relação a si próprias. Nestes questionários, há algumas perguntas sobre as suas crenças, pensamentos e preocupações. Por favor, responda a cada uma das perguntas com base nos seus pensamentos, sentimentos e conceitos.

Pode ver neste questionário que não pedimos o seu nome. Isto significa que não pretendemos investigar a sua informação pessoal, mas sim saber o que os nepaleses pensam e conceptualizam habitualmente sobre esses acontecimentos. Todas as suas informações serão mantidas confidenciais e ninguém saberá o que respondeu pessoalmente.

O vosso precioso tempo para responder a estes questionários ajudar-nos-á a conhecer melhor o povo nepalês. E este será um passo muito inovador no sentido de aumentar o seu conhecimento em relação aos povos do mundo.

Agradecemos desde já a vossa grande ajuda.

N.º de série:

Apelido: .... Sexo: .... Idade: ....Data: ....

Educação: .... Local: .... Rural/Urbano: ....

Estado civil: ....

Número de filhos: .... Tipo de família: ....

Estatuto do trabalhador: .... Situação económica: Baixo/Médio/Alto

Questionário - 1

Direção:

Leia os adjectivos dados em ambos os lados da tabela e escreva o número e o grau em que esses adjectivos estão próximos dos Musahar, Yadav e Das.

Adjectivos	Classificação							Adjectivos	Código		
	Muito próximo	**Muito próximo**	**Ligeiramente relacionado**	**Neutro**	**Ligeiramente relacionado**	**Muito próximo**	**Muito próximo**		**Musahar**	**Yadav**	**Das**
Bonito	+3	+2	+1	0	-1	-2	-3	Feio			
Bom	+3	+2	+1	0	-1	-2	-3	Mau			
Limpo	+3	+2	+1	0	-1	-2	-3	Sujo			
Bonito	+3	+2	+1	0	-1	-2	-3	Horrível			
Valioso	+3	+2	+1	0	-1	-2	-3	Inútil			
Honesto	+3	+2	+1	0	-1	-2	-3	Desonesto			
Feliz	+3	+2	+1	0	-1	-2	-3	Triste			
Perfumado	+3	+2	+1	0	-1	-2	-3	Falta			
Útil	+3	+2	+1	0	-1	-2	-3	Pouco útil			
Tipo	+3	+2	+1	0	-1	-2	-3	Cruel			
Grande	+3	+2	+1	0	-1	-2	-3	Pequeno			
Saudável	+3	+2	+1	0	-1	-2	-3	Não saudável			
Forte	+3	+2	+1	0	-1	-2	-3	Fraco			
Pesado	+3	+2	+1	0	-1	-2	-3	Luz			
Ativo	+3	+2	+1	0	-1	-2	-3	Passivo			
Rápido	+3	+2	+1	0	-1	-2	-3	Lento			
Frio	+3	+2	+1	0	-1	-2	-3	Quente			

Questionário - 2

Modificação de Bogardus "Distância Social" por B. Kupuswami em 1951 Direção:

Lê as afirmações dadas e, se concordares, assinala com um X (√) e, se discordares, assinala com um X (X) no bloco correspondente.

Declarações		Musahar	Yadav	Das
1	Ao parentesco por casamento			
2	Para levar comida para a sala de jantar			
3	Como um amigo pessoal inato			
4	Como o seu Bairro com			
5	Como hóspede em sua casa			
6	Como um conhecido			

Referência: Young, P. V. (1979), Scientific Social surveys and Research, Prentice-Hall. Nova Deli

Questionário - 3

Teste das Vinte Declarações (TST)

Na página seguinte, há vinte espaços em branco numerados. Por favor, escreva vinte respostas à simples pergunta "Quem sou eu?" nesses espaços em branco. Dê apenas vinte respostas diferentes a esta pergunta; responda como se estivesse a dar as respostas a si próprio - e não a outra pessoa. Escreva as suas respostas pela ordem em que lhe ocorrem. Não te preocupes com a lógica ou a "importância". QUEM SOU EU?

1. ____________________

2. ____________________

3. ____________________

4. ____________________

5. ____________________

6. ____________________

7. ____________________

8. ____________________

9. ____________________

10. ____________________

11. ____________________

12. ____________________

13. ____________________

14. ____________________

15. ____________________

16. ____

17. ____

18. ____

19. ____

20. ____

De Eleen A. Baumann, Richard G. Mitchell, Jr., e Caroline Hodges Persell. 1989. Encountering Society: Student Resource Manual to accompany Persell, Understanding Society, Third Edition. Nova Iorque: Harper & Row. Exercício 5, "Teste das vinte afirmações", p. 305.

Printed by Books on Demand GmbH, Norderstedt / Germany